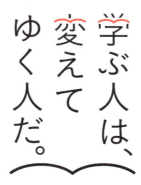

学ぶ人は、
変えて
ゆく人だ。

目の前にある問題はもちろん、
人生の問いや、
社会の課題を自ら見つけ、
挑み続けるために、人は学ぶ。
「学び」で、
少しずつ世界は変えてゆける。
いつでも、どこでも、誰でも、
学ぶことができる世の中へ。

旺文社

JN247512

TOEIC® L&Rテスト 英単語ターゲット 1100

松井こずえ 著

TOEIC is a registered trademark of
Educational Testing Service (ETS).
This publication is not endorsed or approved by ETS.
L&R means LISTENING AND READING.

旺文社

編集協力：株式会社 メディアビーコン，渡邊真理子，Michael Joyce
装丁デザイン：ごぼうデザイン事務所
本文デザイン：牧野剛士
録音：株式会社巧芸創作
ナレーション：Chris Wells，Josh Keller，Rachel Walzer，Carolyn Miller，
　　　　　　　Emma Howard，Brad Holmes，Iain Gibb，石井しおり，原田桃子

はじめに

インターネット時代の社会はかつてない速さで変化しています。今や私たちの社会では，仕事でも生活でもいつでも世界とつながることができ，多くの情報がネットで入手できます。

変化と共に，世界共通語である英語の重要性はますます大きくなるばかりです。英語は世界の人々とのビジネスや交流に必要なだけでなく，個人の情報収集能力も飛躍的に高めるからです。2019年ではネット上のウェブサイトの約56％が英語で日本語のものは約3％しかありませんでした。つまり，日本語だけだと97％の情報を利用することができません。

ですから，今すぐ英語を必要としない人でも，英語力は確実にあなたの大きな強みとなります。あなたを広い世界へと導き，見識を広げ，チャンスをもたらし，人生をより意義深いものにしてくれます。

言語を学ぶにあたり，語彙力増強は最重要です。本書は著者の長年のTOEIC L&Rテスト指導経験を元にして，より効率的に語彙を増やせることを念頭に執筆しました。本書が，ひとりでも多くの方の英語力向上に役立ちましたら，著者としてこの上ない喜びです。

2020年1月
松井こずえ

もくじ

はじめに 3
効率的な単語学習 6
本書の使い方 10
音声ファイルダウンロードについて 12
本書で使っている発音記号とその音の具体例 13

Chapter 1　470点を目指す単語

Section 1 18
　覚えておきたい多義語　　　42
Section 2 44
　覚えておきたい多義語　　　68

Column：部署名・職種をまとめて覚えよう 70
Column：職業名をまとめて覚えよう 72

Chapter 2　600点を目指す単語

Section 3 74
　覚えておきたい多義語　　　98
Section 4 100
　覚えておきたい多義語　　　124
Section 5 126
　覚えておきたい多義語　　　150

Column：似た意味を持つ単語の使い分け 152

4

Chapter 3　730点を目指す単語

Section 6 156
　覚えておきたい多義語 180
Section 7 182
　覚えておきたい多義語 206
Section 8 208
　覚えておきたい多義語 232

Column：品詞の特徴的な語尾 233
Column：言い換えのさまざまなパターン 234

Chapter 4　860点を目指す単語

Section 9 238
　覚えておきたい多義語 262
Section 10 264
　覚えておきたい多義語 288

Column：求人広告で気を付けたい語 289

Chapter 5　熟語

Section 11 292

さくいん 318

5

効率的な単語学習

1つの英単語が表す意味は，必ずしも1つの日本語の意味に対応するとは限りません。むしろ多くの場合，複数の日本語の意味に及びます。例えば，honor の意味は「名誉，敬意，～に栄誉を授ける，…」などとなります。これらの日本語の意味はおよそ同じような部類ではありますが，少しずつ違います。また，decline「低下する，～を断る」のように，大きく違う意味を持つ場合もあります。

さて，このような状況で英単語と日本語の意味を1対1に対応させて覚えるのは無理があります。では，英単語に対してどの日本語の意味をどのように覚えるのが効率的なのでしょうか。

本書では，TOEIC L&R テストの問題を分析して厳選した重要な単語を，まず TOEIC L&R テストで覚えておきたい中心的な語義を覚え，そしてそこから単語の語義を広げていく，という方法で学習できるようになっています。

POINT
TOEIC L&R テストで覚えたい 中心的な語義を覚える

本書では，TOEIC L&R テストで覚えておきたい中心的な意味が大きな文字になっています。まずは，英単語のこの意味を覚えましょう。同時に，実際にどのようにその単語が使われているかを例文で確認してください。

また，本書はスコア別に Chapter が分かれています。ご自分の今のレベルや，目標レベルに合わせて学習をスタートすることができます。

◎ 例文を活用しよう！

本書の例文は全て TOEIC L&R テストで頻繁に出てくるビジネスや日常生活のシーンでの発言や描写を意識しています。

ですから，例文に出ている英文がどのような状況で使われるかを考え，その状況を思い浮かべながら（，さらに言えば，自分がその場にいて状況を英語で描写したり発言したりするつもりで）例文を学習すると，より効果的に TOEIC L&R テストの得点アップにつなげることができます。

なお，例文の下線部が複数の単語にかかっている場合，よく使われるセットフレーズです。下線部に着目することで，さらに見出し語と頻出フレーズの両方を学習できます。

POINT 単語の語義を広げる

次に，太字の意味が覚えられたら（あるいは上級者は），他の意味へと広げて覚えましょう。併せて，例文内のフレーズ，同義語，派生語，補足情報などにも着目して，語彙をどんどん増やしていきましょう。

POINT **コラム・音声の活用**

さらに学習をしたい人は，「コラム」や「音声」もぜひ活用してください。

◎ **コラム**

本書では Section や Chapter の後にコラムがあります。Section の後のコラムではその Section 内で出てきた単語の中の，意外な多義語の用例を紹介しています。Chapter の後のコラムでは，部署名・職種・職業名や似た意味の単語をまとめて覚える，同義語以外の言い換えなど，本編とは異なる単語学習の方法を提示しています。ぜひ，皆さんの学習に役立ててください。

◎ **音声**

ウェブサイトでは，本書の見出し語→日本語訳→例文の音声を提供しています。音声を使った学習の利点は，①正しい音とアクセントが分かる，②リスニング力が上がる，③手軽に復習ができる，ことです。

①は，本書の見出し語に示している発音記号が分かる人でも，ぜひ1度は本書を見ながら音声を聴いて正しい音を確認してください。思い違いがあれば正せるだけでなく，目と耳という五感の2つを使うので単語をより忘れにくくなります。

さらに，聴いた音に続けて同じように発話する（シャドーイングと呼ばれる勉強法）と，目と耳，口を使うことになるのでますます記憶に残りやすくなります。

②は，ネイティブの発音を聴いて例文とその内容が分かるようになるので言わずもがなですね。③は通勤時やジョギング，散歩をしながらでも，音声を聴いて復習ができます。

よく言われるように，単語を覚えるには繰り返しが必要です。日々仕事や学校などで忙しいながらも，朝や就寝前の15分は単語学習の時間としてスケジュールに組み込んだり，通勤時は音声を聴くなど自分のルールを作ったり，本を持ち歩いて待ち合わせ時に見るなどスキマ時間を見つけて復習して，着実に語彙を増やしていきましょう。

アプリ「ターゲットの友」を併用して覚えよう！

「ターゲットの友」では，さまざまな学習機能を用意しています。書籍で学習した成果をアプリの確認テストでチェックしたり，音声（見出し語・例文）をアプリで聞きながら書籍で覚えたりと，書籍とアプリを連動させて学習効果を高めます。

ターゲットの友でできること
・暗記の成果を4択問題でテンポよく確認！
・書籍掲載単語の音声（見出し語・例文）で手軽にリスニング学習！
・毎日配信される「今日の5問」で単語を覚える習慣がつく！

★「ターゲットの友」は以下のサイトからダウンロードできます。

https://www.obunsha.co.jp/pr/tg30/

ターゲットの友 🔍

※iOS，Android 対応
※2020年春リリース予定
※無料アプリ（一部アプリ内課金あり）
※本サービスは予告なく終了されることがあります

本書の使い方

1100語を5つのChapterに分け，さらに各Chapterを100語区切りのSectionに分けています。それぞれの目標，学習期間に応じて，スタートするChapterや，1日の学習量を決めてください。

発音記号
Chapter 1〜4は発音記号（アメリカ発音）を付けています。
また，発音に注意すべき単語には発，アクセントに注意すべき単語にはアクを付けています。

チェック欄
チェックして繰り返し学習しましょう。

語義
見出し語の語義の他，類義語（≒），反意語（⇔）を掲載しています。

例文内での見出し語の用法
例文の中での見出し語の用法のうち，特に覚えておきたいものを掲載しています。

例文
見出し語を使った例文です。

例文の訳
例文の訳です。

派生語・関連語
見出し語の派生語や関連する語のうち，知っておきたいものを掲載しています。

補足情報
その他，覚えておきたいフレーズ，補足情報を掲載しています。

表記について
動 動詞　名 名詞　形 形容詞　副 副詞　前 前置詞　≒ 類義語　⇔ 反意語
(-s) 複数形でよく使われる　(the -) 冠詞 the を伴う

11

音声ファイルダウンロードについて

本書に掲載されている以下の音声が無料でダウンロードできます。
音声はストリーミング再生も可能です。詳しくは専用サイトをご覧ください。

音声の内容

「見出し語」→「日本語訳」→「例文」

※ 見出し語はアメリカのアクセント，例文は，アメリカ・イギリス・カナダ・オーストラリア，いずれかのアクセントで収録されています。

音声の聞き方

インターネットの専用サイトからダウンロードできます。
https://www.obunsha.co.jp/service/target1100/

① **パソコンからインターネットで専用サイトにアクセス**
② **パスワードを入力**
   mtoeic1100 ※全て半角英数字
③ **聞きたい音声をダウンロード**
   ダウンロードしたい音声ファイルの DOWNLOAD ボタンをクリックし，ダウンロードしてください。
   ※ 詳細は実際のサイト上の説明をご参照ください。
④ **ファイルを展開して，オーディオプレーヤーで再生**
   音声ファイルは ZIP 形式でまとめられた形でダウンロードされます。展開後，デジタルオーディオプレーヤーなどでご活用ください。
   ※ 音声の再生には MP3 を再生できる機器が別途必要です。
   ※ スマートフォンやタブレットからはストリーミング再生をご利用ください。
   ※ ご使用機器，音声再生ソフト等に関する技術的なご質問は，ハードメーカーもしくはソフトメーカーにお願いいたします。
   ※ 本サービスは予告なく終了することがあります。

   MP3 ファイルについて
   ファイルは 1 見開きごとに区切られており，ファイル名は
   1100_[最初の見出し語番号]-[最後の見出し語番号]
   で構成されています。
   例 1100_0001-0008 → 見出し語番号 1 から 8 までの音声です。

本書で使っている発音記号とその音の具体例

本書で使用している主な発音記号をまとめました。音声ファイルは p. 12 の専用サイトからダウンロードできます。

母音				
1	iː	people [píːpl]	tea [tiː]	week [wiːk]
2	i	happy [hǽpi]	study [stʌ́di]	India [índiə]
3	ɪ	city [síti]	give [gɪv]	rich [rɪtʃ]
4	e	friend [frend]	egg [eg]	many [méni]
5	æ	cat [kæt]	apple [ǽpl]	act [ækt]
6	ɑː	palm [pɑːlm]	father [fɑ́ːðər]	calm [kɑːm]
7	ʌ	country [kʌ́ntri]	sun [sʌn]	come [kʌm]
8	əːr	world [wəːrld]	girl [gəːrl]	learn [ləːrn]
9	ə	arrive [əráɪv]	woman [wúmən]	today [tədéɪ]
10	ər	center [séntər]	percent [pərsént]	river [rívər]
11	ɔː	tall [tɔːl]	all [ɔːl]	draw [drɔː]
12	ʊ	wood [wʊd]	look [lʊk]	put [pʊt]
13	uː	moon [muːn]	cool [kuːl]	rule [ruːl]
14	eɪ	take [teɪk]	day [deɪ]	break [breɪk]
15	aɪ	high [haɪ]	like [laɪk]	fly [flaɪ]

母音

16	ɔɪ	**oil** [ɔɪl]	**noise** [nɔɪz]	**enjoy** [ɪndʒɔ́ɪ]
17	aʊ	**house** [haʊs]	**down** [daʊn]	**loud** [laʊd]
18	oʊ	**home** [hoʊm]	**go** [goʊ]	**moment** [móʊmənt]
19	ɪər	**here** [hɪər]	**near** [nɪər]	**clear** [klɪər]
20	eər	**hair** [heər]	**bear** [beər]	**care** [keər]
21	ɑːr	**heart** [hɑːrt]	**hard** [hɑːrd]	**large** [lɑːrdʒ]
22	ɔːr	**door** [dɔːr]	**support** [səpɔ́ːrt]	**war** [wɔːr]
23	ʊər	**poor** [pʊər]	**pure** [pjʊər]	**tour** [tʊər]

子音

1	p	**pen** [pen]	**play** [pleɪ]	**keep** [kiːp]
2	b	**book** [bʊk]	**club** [klʌb]	**absent** [ǽbsənt]
3	m	**milk** [mɪlk]	**room** [ruːm]	**summer** [sʌ́mər]
4	t	**tree** [triː]	**stand** [stænd]	**meet** [miːt]
5	d	**sad** [sæd]	**desk** [desk]	**dream** [driːm]
6	n	**tennis** [ténɪs]	**one** [wʌn]	**night** [naɪt]
7	k	**cloud** [klaʊd]	**cook** [kʊk]	**class** [klæs]
8	g	**good** [gʊd]	**sugar** [ʃʊ́gər]	**pig** [pɪg]

9	ŋ	**think** [θɪŋk]	**ink** [ɪŋk]	**king** [kɪŋ]
10	tʃ	**teacher** [tíːtʃər]	**kitchen** [kítʃən]	**catch** [kætʃ]
11	dʒ	**bridge** [brɪdʒ]	**join** [dʒɔɪn]	**strange** [streɪndʒ]
12	f	**life** [laɪf]	**laugh** [læf]	**phone** [foʊn]
13	v	**voice** [vɔɪs]	**drive** [draɪv]	**every** [évri]
14	θ	**three** [θriː]	**mouth** [mauθ]	**birthday** [bɔ́ːrθdèɪ]
15	ð	**this** [ðɪs]	**mother** [mʌðər]	**smooth** [smuːð]
16	s	**sea** [siː]	**west** [west]	**bus** [bʌs]
17	z	**zoo** [zuː]	**surprise** [sərpráɪz]	**easy** [íːzi]
18	ʃ	**special** [spéʃəl]	**she** [ʃi]	**fish** [fɪʃ]
19	ʒ	**vision** [víʒən]	**treasure** [tréʒər]	**usual** [júːʒuəl]
20	h	**hand** [hænd]	**hope** [hoʊp]	**head** [hed]
21	l	**light** [laɪt]	**tell** [tel]	**little** [lítl]
22	r	**rain** [reɪn]	**right** [raɪt]	**true** [truː]
23	w	**wind** [wɪnd]	**work** [wəːrk]	**swim** [swɪm]
24	*h*w	**white** [*h*waɪt]	**whale** [*h*weɪl]	**while** [*h*waɪl]
25	j	**young** [jʌŋ]	**year** [jɪər]	**use** [juːz]

15

16

Chapter 1
470点を目指す単語

Section 1 18

Section 2 44

Chapter 1
Section 1

470点を目指す単語

見出し語番号 1〜100

動詞編

1 ☐☐☐
store
[stɔːr]

を**蓄える**，を保管する　名店；貯蔵
☐ storage 名貯蔵(場所)

2 ☐☐☐
offer
アク [ɔ(ː)fər]

を**提供する**，を申し出る　名申し出
☐ offering 名提供される物；売り物

3 ☐☐☐
supply
発 [səplái]

を[に]**供給する**　名供給
supply A with B (= supply B to A) A に B を供給する
⁜ in short supply 不足して
☐ supplier 名供給業者

4 ☐☐☐
park
[pɑːrk]

(を)**駐車する**　名公園
⁜ street parking 路上駐車

5 ☐☐☐
book
[bʊk]

(を)**予約する** (≒ reserve)
☐ booking 名予約
☐ overbook 動定員以上の予約を受け付ける

6 ☐☐☐
last
[læst]

続く (≒ run)
☐ long-lasting 形長続きする，長持ちする

7 ☐☐☐
run
[rʌn]

続く (≒ last)；(会社など)を経営する

8 ☐☐☐
contact
アク [ká(ː)ntækt]

に**連絡する**　名連絡
⁜ contact information 連絡先情報

▷ 動詞編 p.18	▷ 形容詞編 p.36
▷ 名詞編 p.28	▷ 副詞編 p.40

The project files are <u>stored</u> on shelves in the cabinet.

プロジェクトのファイルは，キャビネットの棚に<u>収納されています</u>。

The restaurant <u>offers</u> a wide selection of vegetarian dishes.

そのレストランは多数のベジタリアン向けの料理を<u>提供する</u>。

The tourist information office will <u>supply</u> you with maps for free.

観光案内所は無料であなたに地図を<u>提供する</u>。

You can't <u>park</u> here.

ここには<u>駐車</u>できません。

She <u>booked</u> the flight two weeks in advance.

彼女は2週間前にそのフライトを<u>予約した</u>。

The staff meeting <u>lasted</u> for nearly three hours.

スタッフ会議は3時間近く<u>続いた</u>。

The photography exhibition <u>runs</u> from June 19 through June 22.

その写真展は6月19日から6月22日まで<u>続きます</u>。

For more information, please <u>contact</u> us.

さらなる情報については，私たちに<u>連絡して</u>ください。

19

Chapter 1　Section 1　動詞編

---

9 □□□
include
[ɪnklúːd]

を**含む**（⇔ exclude を除外する）
be included in ... …に含まれる

---

10 □□□
meet
[miːt]

（要求など）を**満たす**（≒ fill）；（に）会う
meet the demand 要求を満たす

---

11 □□□
leave
[liːv]

（を）**去る**；を放置する　名**休暇**
■ take leave 休暇を取る
■ paid leave 有給休暇

---

12 □□□
increase
🄰 [ɪnkríːs]

増える（⇔ decrease 減る）；を増やす　名**増加**
■ 名詞はアクセントの位置が変わり，[íŋkriːs] となる。

---

13 □□□
decrease
[diːkríːs]

減る（≒ drop, decline）（⇔ increase 増える）；を**減らす**　名**減少**
■ 名詞はアクセントの位置が変わり，[díːkriːs] となる。

---

14 □□□
decline
[dɪkláɪn]

低下する（≒ decrease）；を断る

---

15 □□□
hold
[hoʊld]

を**持つ**；（会・式など）を行う

---

16 □□□
ship
[ʃɪp]

を**発送する**
□ shipment 名積み荷；発送（品）

---

17 □□□
plant
[plænt]

を**植える**　名**植物**；（製造）**工場**
■ manufacturing plant 製造工場

20

The airport tax is included in the ticket price.	空港税は搭乗券の価格に含まれています。
The company opened a new factory to meet the rising demand for auto parts.	その会社は自動車部品の増大する需要を満たすために新工場を開設した。
He checked the weather forecast before he left the office.	彼はオフィスを出る前に天気予報を確認した。
The number of visitors to the Web site has increased recently.	ウェブサイトへの訪問者数が最近増えた。
The company's market share has decreased this year.	その会社の市場占有率は，今年減ってきた。
The auto sales have declined by 2 percent year by year.	自動車の売り上げは年々2パーセント低下している。
The man is holding a file in his hand.	男性は手にファイルを持っている。
We will ship your order no later than 3 business days.	あなたの注文品を3営業日以内に発送します。
Some trees have been planted along the roadsides.	道端に沿って木が植えられている。

Chapter 1 Section 1 動詞編

---

18 ☐☐☐
own
[oʊn]

を**所有する**(≒ possess) 形**自身の**；**独自の**
☐ owner 名 所有者

---

19 ☐☐☐
process
🔊 [prá(ː)ses]

を**処理する**；を加工する 名 過程

---

20 ☐☐☐
prepare
🔊 [prɪpéər]

(を)**準備する**
prepare to *do* …する準備をする
▪ prepare for ... …の準備をする
☐ preparation 名 準備

---

21 ☐☐☐
lead
[liːd]

(を)**導く**
▪ lead to ... (物事が)…を引き起こす；(道などが)…に
つながる
☐ leading 形 先頭に立つ；主要な
☐ mislead 動 の判断を誤らせる

---

22 ☐☐☐
consider
🔊 [kənsídər]

(を)**考える**；と見なす
consider *doing* …することを考える
☐ consideration 名 考慮；思いやり

---

23 ☐☐☐
cover
[kʌ́vər]

(費用など)を**賄う**；を覆う

---

24 ☐☐☐
explain
[ɪkspléɪn]

を**説明する**
☐ explanation 名 説明

---

25 ☐☐☐
focus
[fóʊkəs]

焦点が集まる(≒ concentrate)；(注意・関心)
を集中させる 名 焦点
focus on ... …に集中する

---

26 ☐☐☐
develop
🔊 [dɪvéləp]

を**開発する**；を発展させる
☐ developer 名 開発者；宅地開発業者
☐ development 名 発達；開発；進展

The building is owned by a major global corporation.	そのビルは大手のグローバル企業に所有されている。
You will receive a confirmation e-mail when your order has been processed.	ご注文が処理された時点で, あなたは確認メールを受け取ります。
He is busy preparing to move into a new apartment.	彼は新しいアパートに引っ越す準備で忙しい。
Jessica will lead the discussion about the new project.	ジェシカが新プロジェクトについての話し合いを主導します。
Many companies are considering entering into foreign markets.	多くの会社が外国市場へ参入することを検討している。
The treatment was covered by his health insurance.	その治療は彼の医療保険によって賄われた(=が適用された)。
She explained each phase of the new project in detail.	彼女は新プロジェクトの各段階を詳しく説明した。
Our discussion will focus on new software features.	私たちの話し合いは, 新しいソフトウェアの特徴に集中するでしょう。
Our team developed new software for data analysis.	私たちのチームは新しいデータ分析ソフトを開発した。

Chapter 1 Section 1 動詞編

---

27 □□□
accept
[əksépt]

を受け入れる
□ acceptance 名 受諾

---

28 □□□
carry
[kǽri]

(商品)を扱っている ; を運ぶ
⊞ carry out ... …を実行する

---

29 □□□
attract
[ətrǽkt]

を引き付ける
□ attraction 名 (引き付ける)呼び物
□ attractive 形 魅力的な

---

30 □□□
clear
[klíər]

を片付ける
clear A from B (= clear B of A) B から A を片付ける

---

31 □□□
collect
[kəlékt]

を集める (≒ gather)
□ collection 名 収集(物)

---

32 □□□
wear
発 [weər]

を身に着けている 名 (集合的に)衣類
⊞ wear は「身に着けている」という状態，put on は
「着る」という動作を表す。
⊞ footwear 履物

---

33 □□□
paint
[peɪnt]

にペンキを塗る ; を(絵の具などで)描く
名 塗料
□ painting 名 絵画
□ painter 名 画家 ; 塗装工

---

34 □□□
track
[træk]

を追跡する 名 小道 ; (競技場の)トラック
⊞ tracking number 追跡番号

---

35 □□□
obtain
[əbtéɪn]

を手に入れる

24

She **accepted** a job offer from AC Enterprise.	彼女は AC エンタープライズ社からの仕事を<u>引き受けた</u>。
The store **carries** locally produced organic foods.	その店は地元で生産されたオーガニックの食品を<u>扱っている</u>。
Social media is a powerful tool to **attract** new customers.	ソーシャルメディアは新規顧客を<u>引き付ける</u>強力なツールだ。
A waiter is **clearing** the dishes from the table.	ウエーターがテーブルから皿を<u>片付けている</u>。
The reporter is **collecting** data on new wireless technology.	記者は，新しい無線技術に関するデータを<u>集めている</u>。
You have to **wear** protective gloves while operating this machine.	この機械を操作中は防護手袋を<u>着用し</u>なければならない。
The man is **painting** the wall of a house.	男性は家の壁に<u>ペンキを塗っている</u>。
You can **track** the status of your order on the Web site.	ウェブサイトで，ご注文状況を<u>追跡</u>できます。
We **obtained** a building permit for a new factory.	私たちは新しい工場の建築許可を<u>手に入れた</u>。

Chapter 1　Section 1　動詞編

36 ☐☐☐
attach
[ətǽtʃ]

を**貼り付ける**
attach A to B A を B に貼り付ける
☐ **attachment** 名 付属品；添付ファイル

37 ☐☐☐
appear
[əpíər]

現れる；見える
▓ appear to be ... …であるように見える
☐ **appearance** 名 出現；外観

38 ☐☐☐
taste
[teɪst]

味がする；(の)味見をする　名 味
☐ **tasty** 形 おいしい

39 ☐☐☐
cause
発 [kɔːz]

を**引き起こす**　名 原因；大義

40 ☐☐☐
realize
[ríːəlàɪz]

を**はっきり理解する**；を実現する
☐ **realization** 名 認識；実現

41 ☐☐☐
earn
[əːrn]

を**稼ぐ**，を得る
☐ **earnings** 名 報酬；利益

42 ☐☐☐
maintain
[meɪntéɪn]

を**維持する**；を保守整備する；を主張する
☐ **maintenance** 名 メンテナンス，維持管理

43 ☐☐☐
face
[feɪs]

に**面している**；に直面する　名 表面

44 ☐☐☐
lock
[lɑ(ː)k]

に**鍵を掛ける**(⇔ unlock を開錠する)　名 錠

26

I have **attached** a document to this e-mail.	このEメールに文書を添付しました。
A window with an error message **appeared** on the computer screen.	コンピューターの画面上に，エラーメッセージのウィンドウが現れた。
This food **tastes** a bit strange to me.	この食べ物は少し妙な味がする。
The snowy weather **caused** flight cancellations and delays.	雪の降る天気が，航空便の欠航と遅延を引き起こした。
I didn't **realize** this project would take so long.	私には，このプロジェクトがそんなに長くかかるとは分からなかった。
His son sold lemonade to **earn** money for the animal shelter.	彼の息子は，動物保護施設のためのお金を稼ぐためにレモネードを売った。
It's important to **maintain** a good relationship with clients.	顧客との良い関係を維持することは大切だ。
The apartment **faces** a busy street in the city center.	そのアパートは街の中心にあるにぎやかな通りに面している。
The door to the storage room is **locked**.	保管室のドアには鍵が掛けられている。

27

Chapter 1 **Section 1** 名詞編

名詞編

45 ☐☐☐
business
発 [bíznəs]

会社 (≒ company, corporation, enterprise) ；**事業**
▦ do business 商売する

46 ☐☐☐
order
[ɔ́ːrdər]

注文 (品) ；命令；順序 **動** (を)注文する
place [make] an order 注文する
▦ out of order 故障して

47 ☐☐☐
customer
[kʌ́stəmər]

顧客
regular customer 常連客

48 ☐☐☐
item
発 [áɪtəm]

品物 ；項目
☐ itemize 動 を項目別にする

49 ☐☐☐
location
[loʊkéɪʃən]

場所

50 ☐☐☐
sign
[saɪn]

掲示 ；看板 **動** に署名する

51 ☐☐☐
cost
発 [kɔːst]

費用 **動** (金額・費用)がかかる

52 ☐☐☐
position
[pəzíʃən]

職 (≒ post) ；位置

53 ☐☐☐
interest
ア [íntərəst]

興味 ；金利 **動** に興味を持たせる
☐ interested 形 興味を持った
☐ interesting 形 興味深い

28

He runs a small **business** selling handmade products.	彼は手作りの製品を売る小さな会社を経営している。
I placed an **order** last month, but haven't received it yet.	私は先月注文をしたが、まだそれを受け取っていない。
A regular **customer** complained about the service he received.	ある常連客が、受けたサービスについて不満を言った。
The store is having a sale on all of its **items**.	その店は、全品物の特売中です。
The restaurant is opening new **locations** in London and Tokyo.	そのレストランはロンドンと東京に新しい場所(=店)を出す予定だ。
A **sign** saying "For Sale" is posted in front of the house.	「売り家」という掲示が家の前に貼られている。
We have to cut production **costs** to increase profits.	利益を増やすために、生産コストを削減しなければならない。
There are two vacant **positions** in this company.	この会社には欠員になっている職が2つある。
Tom expressed **interest** in the job when he was contacted by the recruiter.	リクルーターから接触を受けたとき、トムはその仕事に興味を示した。

Chapter 1　Section 1　名詞編

---

54 ☐☐☐
interview
🔊 [íntərvjùː]

(就職などの)面接　動 と面談する
interview for ... …の面接
☐ **interviewer** 名 インタビュアー，面接官

---

55 ☐☐☐
industry
🔊 [índəstri]

産業
☐ **industrial** 形 工業の
☐ **industrious** 形 勤勉な

---

56 ☐☐☐
fee
[fiː]

料金
entrance fee 入場料

---

57 ☐☐☐
option
[á(ː)pʃən]

選択(肢)
☐ **opt** 動 選ぶ
☐ **optional** 形 自由選択の

---

58 ☐☐☐
public
[pʌ́blɪk]

一般の人々　形 公の
▦ public relations (= PR) 広報(活動)
☐ **publicity** 名 宣伝広報

---

59 ☐☐☐
payment
[péɪmənt]

支払い；支払金
▦ method of payment 支払方法

---

60 ☐☐☐
agency
[éɪdʒənsi]

代理店；機関
☐ **agent** 名 代理人

---

61 ☐☐☐
view
[vjuː]

眺め(≒ scene, scenery, sight)；意見
動 を見る

---

62 ☐☐☐
water
[wɔ́ːtər]

(海，湖，川など)水域　動 に水をまく
▦ water a plant 植物に水をやる

He has an __interview__ next week for a customer service job.	彼は来週，顧客サービスの仕事の<u>面接</u>がある。
Tourism is the main __industry__ in the region.	その地域では観光が主要<u>産業</u>だ。
We received a 20 percent discount on the <u>entrance</u> __fee__ at the zoo.	私たちは動物園で<u>入場料</u>の20パーセント割引を受けた。
More restaurants should offer vegetarian __options__.	より多くのレストランが菜食主義者向けの<u>選択肢</u>を提供すべきだ。
The new library will be open to the __public__ soon.	新しい図書館は間もなく<u>一般</u>に公開される。
He has a monthly car __payment__ of $300.	彼には，毎月の車の<u>支払い</u>が300ドルある。
I recommended Sara for a job at a travel __agency__.	私はサラに旅行<u>代理店</u>の仕事を勧めた。
The hotel has a great __view__ of the lake.	そのホテルでは湖の素晴らしい<u>眺め</u>を楽しめる。
We had a meal at a restaurant next to the __water__.	私たちは，<u>水域</u>（＝海）に隣接したレストランで食事をした。

Chapter 1　Section 1　名詞編

---

63 ☐☐☐
furniture
発 [fə́ːrnitʃər]

(集合的に)家具
▪ 家具 1 点は a piece of furniture。

---

64 ☐☐☐
amount
[əmáunt]

量；(the -)総計
a large amount of ... 多くの…

---

65 ☐☐☐
break
発 [breɪk]

休憩；破壊　動 を壊す；壊れる
take a break 休憩する

---

66 ☐☐☐
traffic
[trǽfɪk]

交通(量)
▪ traffic jam 交通渋滞

---

67 ☐☐☐
drive
[draɪv]

運転；私設車道　動 (を)運転する
☐ driveway 名 (道路から家の車庫に通じる)私設車道

---

68 ☐☐☐
printer
[príntər]

印刷所；プリンター

---

69 ☐☐☐
assistance
[əsístəns]

援助
☐ assist 動 を手伝う

---

70 ☐☐☐
chance
[tʃæns]

可能性；機会
▪ by chance 偶然(に)
▪ by any chance ひょっとして

---

71 ☐☐☐
effort
アク [éfərt]

努力

32

These pieces of office **furniture** are old but in good condition.	これらのオフィス家具は古いが状態は良い。
The company spends a large **amount** of money on employee training.	その会社は従業員の研修に巨額の費用をかける。
Let's take a 10-minute **break**, then start again at 3 o'clock.	10分休憩を取ってから，3時にまた始めよう。
Traffic is heavy on this street.	この通りは交通量が多い。
It's a 20-minute **drive** from here to the airport.	ここから空港まで20分の運転で着きます。
He checked the flyer again and sent it to the **printer**.	彼は再度チラシをチェックして印刷所に出した。
Our technicians will provide **assistance** with technical issues.	当社の技術者が技術問題の支援をいたします。
I think you have a good **chance** of promotion.	あなたが昇進する可能性は高いと思う。
She made an **effort** to change her eating habits.	彼女は食習慣を変えようと努力した。

Chapter 1 Section 1　名詞編

---

72 ☐☐☐
arrival
[əráɪvəl]

到着（⇔ departure 出発）
☐ **arrive** 動 着く

---

73 ☐☐☐
cafeteria
[kæ̀fətíəriə]

（社員）食堂

---

74 ☐☐☐
snack
[snæk]

軽食（≒ refreshments）

---

75 ☐☐☐
specialty
[spéʃəlti]

自慢の品；専門
☐ **special** 形 特別の

---

76 ☐☐☐
refrigerator
カ [rɪfrídʒərèɪtər]

冷蔵庫（≒ fridge）

---

77 ☐☐☐
distance
[dístəns]

距離
within walking distance (of ...)（…から）歩いて行ける距離で
☐ **distant** 形 遠い

---

78 ☐☐☐
lack
[læk]

不足，欠乏　動 を欠いている，が不足している

---

79 ☐☐☐
shelf
[ʃelf]

棚
⚏ 複数形は shelves [ʃelvz]。
☐ **shelve** 動 を棚に乗せる

---

80 ☐☐☐
exit
発 カ [égzət]

出口（⇔ entrance 入口）　動 を[から]出る

34

I'd like to know your <u>arrival</u> and departure dates.	あなたの<u>到着</u>日と出発日を知りたいのですが。
We had lunch in the company <u>cafeteria</u> on the third floor.	私たちは3階にある社員<u>食堂</u>で昼食を食べた。
Drinks and <u>snacks</u> are available to purchase at the cafeteria.	飲み物と<u>軽食</u>は食堂で買える。
The <u>specialty</u> of this restaurant is grilled meat.	このレストランの<u>自慢料理</u>は肉のグリルです。
This <u>refrigerator</u> isn't cold enough.	この<u>冷蔵庫</u>は十分に冷たくない。
Our office is <u>within walking distance</u> of the train station.	私たちの事務所は駅から<u>歩いて行ける</u><u>距離</u>です。
Despite his <u>lack</u> of experience, he got a sales job.	経験<u>不足</u>にもかかわらず,彼は営業の仕事を得た。
A man is stocking the <u>shelves</u> with merchandise.	男性は<u>棚</u>に商品を置いているところだ。
In the case of a fire, please use the nearest <u>exit</u>.	火事の場合は,最も近い<u>出口</u>を使用してください。

Chapter 1　Section 1　名詞編　形容詞編

81 ☐☐☐
signature
発 [sígnətʃər]

署名，サイン
※ autograph「(有名人からもらう)サイン」と区別すること。
☐ sign 動 に署名する　名 標識；看板

82 ☐☐☐
drawing
[drɔ́ːɪŋ]

図面；描画；くじ引き

83 ☐☐☐
envelope
[énvəlòup]

封筒

84 ☐☐☐
drawer
[drɔ́ːər]

引き出し；(-s)たんす
☐ draw 動 を引く

85 ☐☐☐
spokesperson
[spóukspə̀ːrsən]

広報担当者

86 ☐☐☐
ladder
[lǽdər]

はしご

87 ☐☐☐
scale
[skeɪl]

目盛り，尺度；規模
on a scale of *A* to *B* A から B の段階で

88 ☐☐☐
goods
[gʊdz]

商品，品物(≒ item, product, merchandise)

形容詞編

89 ☐☐☐
close
発 [klous]

近い
close to ... …に近い

36

I have some documents that require your signature.	あなたのサインが必要な文書がいくつかあります。
The architect made a drawing of the main entrance.	建築家は正面玄関の図面を引いた。
He addressed the envelope, sealed it and put a stamp on it.	彼は、封筒に宛名を書き、封をして切手を貼った。
He's opening a drawer of the filing cabinet.	彼は書類整理棚の引き出しを開けているところだ。
A spokesperson for Lucky's Foods announced that it will open three new stores this summer.	ラッキーズ・フーズの広報担当者は、この夏に3つの新店舗を開設すると発表した。
A ladder is leaning against a wall.	はしごが壁に立て掛けてある。
Please rate this product on a scale of 1 to 5, with 5 being the highest.	1から5の段階の5が最高で、この商品を評価してください。
The store is offering a 10 percent discount on all goods today.	その店は、本日全商品が10パーセント引きです。
We are close to finishing the bridge construction project.	当社の橋の建設計画は完成に近い。

Chapter 1 **Section 1** 形容詞編

---

90 ☐☐☐
local
[lóʊkəl]

地元の 名 地元の人

---

91 ☐☐☐
extra
発 [ékstrə]

追加の, 余分の 名 余分の物

---

92 ☐☐☐
enough
発 [ɪnʌ́f]

十分な 副 十分に 名 十分な数[量]
enough time to *do* …するための十分な時間

---

93 ☐☐☐
excellent
[éksələnt]

非常に優れた
☐ excel 動 秀でている
☐ excellence 名 優秀さ, 卓越

---

94 ☐☐☐
glad
[glæd]

うれしい
☐ gladly 副 喜んで

---

95 ☐☐☐
private
発 ア [práɪvət]

私的な (⇔ public 公共の, 公の；国の)；内密の；
民営の

---

96 ☐☐☐
familiar
ア [fəmíljər]

よく知っている
be familiar with ... …に精通している
☐ familiarity 名 よく知っていること

---

97 ☐☐☐
trial
[tráɪəl]

試験的な 名 試み

---

98 ☐☐☐
economical
[ìːkəná(ː)mɪkəl]

経済的な
☐ economic 形 経済(学)の
☐ economically 副 経済的に；節約して
☐ economist 名 経済学者

38

If our budget permits, we will put more ads in **local** newspapers.	予算が許せば，地元の新聞にもっと広告を出します。
You have to pay an **extra** fee for the luggage.	その手荷物には追加料金を支払わなければなりません。
There wasn't **enough** time to talk about the problem.	その問題について話すのに十分な時間はなかった。
The sales team achieved **excellent** results this quarter.	販売チームは，この四半期に立派な成果を出した。
I'm **glad** that this project is finally completed.	私は，このプロジェクトがついに完成してうれしい。
J&A Food caters for both **private** and corporate clients.	J&A フードは個人，および企業のお客様両方に料理の仕出しをします。
The executive is **familiar** with business strategies.	その重役は，事業戦略に精通している。
The **trial** period of this software will be 30 days.	このソフトウェアのお試し期間は30日です。
This café is a good place for a quick and **economical** lunch.	このカフェは，早くて安価な昼食を取るのにいい場所です。

39

Chapter 1 **Section 1** 副詞編

副詞編

99 ☐☐☐
regularly
[régjʊlərli]

定期的に；規則的に
☐ **regular** 形 定期的な；いつもの
☐ **irregular** 形 不定期な

100 ☐☐☐
probably
[prá(:)bəbli]

たぶん
☐ **probability** 名 可能性

The design team holds meetings **regularly**.	設計チームは<u>定期的に</u>会議を持つ。
It'll **probably** take a week to finish the report.	<u>たぶん</u>報告書を仕上げるのに1週間かかるでしょう。

■■ 覚えておきたい多義語

TOEIC L&R テストでは，1つの単語のさまざまな意味が問われることがあります。Section 1 で出てきた中で，特に覚えておきたい多義語, 意外な意味を持つ多義語をチェックしましょう。

run ⇨ **7**（p.18）

▪ **続く**

The exhibition runs through June 22.
（その展示会は6月22日まで続く。）

▪ **(会社など)を 経営する**

He runs a web design company in Paris.
（彼はパリでウェブデザインの会社を経営している。）

decline ⇨ **14**（p.20）

▪ **低下する**

The auto sales declined by 2 percent.
（自動車の売り上げは2パーセント低下した。）

▪ **を 断る**

He declined our invitation to the party.
（彼は私たちのパーティへの誘いを断った。）

hold ⇨ **15**（p.20）

- **を持つ**

  The man is <u>holding</u> a file in his hand.
  （男性は手にファイルを<u>持っている</u>。）

- **(会・式など) を行う**

  They <u>hold</u> a meeting once a month.
  （彼らは1カ月に1回会議を<u>開く</u>。）

---

maintain ⇨ **42**（p.26）

- **を維持する**

  He <u>maintained</u> a good relationship with his clients.
  （彼は顧客と良い関係を<u>維持した</u>。）

- **を保守整備する**

  They <u>maintain</u> the elevators regularly.
  （彼らは定期的にエレベーターを<u>保守する</u>。）

- **を主張する**

  He <u>maintained</u> that the part needed to be replaced.
  （その部品は交換が必要だと彼は<u>主張した</u>。）

Chapter 1
Section 2

470点を目指す単語

見出し語番号 101〜200

動詞編

101 ☐☐☐
leak
[líːk]

漏れる；を漏らす **名** 漏れ

---

102 ☐☐☐
succeed
🔁 [səksíːd]

成功する（⇔ fail 失敗する）；の後を継ぐ
succeed in ... …に成功する
☐ success **名** 成功

---

103 ☐☐☐
greet
[gríːt]

にあいさつをする；を迎える
☐ greeting **名** あいさつ

---

104 ☐☐☐
reply
🔁 [rɪpláɪ]

返事をする **名** 返事
reply to ... …に返事をする

---

105 ☐☐☐
respond
[rɪspá(ː)nd]

応答する；反応する
respond to ... …に応答する
☐ respondent **名** 応答者，回答者
☐ response **名** 返答；反応

---

106 ☑☐☐
pile
[páɪl]

を積み重ねる（≒ stack）；積み重なる **名** 積み重ね

---

107 ☐☐☐
overlook
[òʊvərlúk]

を見下ろす；を見落とす

---

108 ☐☐☐
occur
🔊 🔁 [əkə́ːr]

起こる，生じる

44

| ☐ 動詞編 p.44 | ☐ 形容詞編 p.62 |
| ☐ 名詞編 p.52 | ☐ 副詞・その他編 p.64 |

Water is **leaking** from the ceiling.

水が天井から漏れている。

He **succeeded** in his career as a filmmaker.

彼は映画製作者として仕事で成功した。

They **greeted** each other in the hotel lobby.

彼らはホテルのロビーでお互いにあいさつをした。

He **replied** to my e-mail promptly.

彼はすぐに私のEメールに返事をくれた。

Please **respond** to this e-mail as soon as possible.

できるだけ早くこのEメールに返事をしてください。

Papers are **piled** on the desk.

書類が机の上に重なっている。

Our room has a balcony that **overlooks** the river.

私たちの部屋には川を見下ろせるバルコニーがある。

A major power outage **occurred** in the city last night.

昨晩，街で大規模な停電が起こった。

45

Chapter 1 **Section 2** 動詞編

---

109 ☑□□
hesitate
[hézɪtèɪt]

ためらう
Please don't hesitate to *do* 遠慮せずに…してください
▦ hesitate to *do* …するのをためらう

---

110 ☑□□
compare
[kəmpéər]

を比べる；**を例える**
compare *A* with [to] *B* A を B と比べる
□ comparable 形 比較できる；同等な
□ comparison 名 比較

---

111 □□□
value
[vǽlju:]

を(高く)評価する 名 価値
□ valuable 形 価値が高い，貴重な
□ invaluable 形 計り知れないほど貴重な

---

112 ☑□□
involve
[ɪnvá(:)lv]

を巻き込む；**を含む**
be involved in ... …に関与する

---

113 □□□
fit
[fɪt]

(ぴたりと)おさまる；**に適している**；**を備えつける**

---

114 □□□
avoid
[əvɔ́ɪd]

を避ける
▦ avoid *doing* …することを避ける

---

115 □□□
suppose
[səpóʊz]

だと思う

---

116 □□□
complain
[kəmpléɪn]

不満を言う
complain about [of] ... …について不満を言う
□ complaint 名 不平，苦情，クレーム

---

117 □□□
stack
[stæk]

を積み重ねる(≒ pile)

46

Please don't **hesitate** to contact me if you need any help.	もし何か手助けが必要なら，遠慮せずに私に連絡してください。
He **compared** the camera with those of other companies.	彼はそのカメラを他社のものと比べた。
His positive attitude is **valued** by other team members.	彼の前向きな姿勢は，他のチームメンバーから高く評価されている。
All team members are **involved** in the decision-making process.	チームのメンバー全員が意思決定のプロセスに関与します。
This laptop isn't small enough to **fit** in my carry-on bag.	このノートパソコンは私の機内持ち込み用バッグにおさまるほど小さくない。
I took a different route to **avoid** rush-hour traffic.	ラッシュアワーの道路を避けるために，別のルートを行った。
I **suppose** that the demand for this service is high.	私はこのサービスに対する需要は高いと思う。
A few people **complained** about the food in the restaurant.	少数の人がそのレストランでの食事について不満を言った。
A few cardboard boxes are **stacked** in the corner of the room.	いくつかの段ボール箱が部屋の隅に積み重ねられている。

47

Chapter 1　Section 2　動詞編

---

118 □□□
contain
[kəntéin]

を**含む**
□ container 名 入れ物

---

119 □□□
fix
[fíks]

を**修理する**(≒ repair)；を固定する

---

120 □□□
repair
[rɪpéər]

を**修理する**(≒ fix)　名 修理

---

121 □□□
operate
発 [á(:)pərèɪt]

稼働する；を操作する；を経営する
□ operation 名 操作；事業

---

122 □□□
intend
[ɪnténd]

を**意図する**
be intended for ... …向きの；…を対象とした
∷ intend to *do* …するつもりだ

---

123 □□□
follow
[fá(:)loʊ]

に**従う**；について行く
□ following 前 …の後に，…に続いて　形 次の

---

124 □□□
prefer
発 [prɪfə́:r]

を**好む**
prefer A to B B より A を好む
□ preference 名 好み
□ preferred 形 望ましい

---

125 □□□
deliver
[dɪlívər]

(を)**配達する**(≒ convey)；(演説)をする
∷ deliver a speech スピーチをする
□ delivery 名 配達，納入

---

126 □□□
host
発 [hoʊst]

を**主催する**　名 主催者

48

The revised report still **contained** several mistakes.	改訂された報告書には，まだいくつか誤りが<u>含まれていた</u>。
He got a plumber to **fix** a water leak in the ceiling.	彼は，配管工に天井の水漏れを<u>修理して</u>もらった。
The air conditioner was **repaired** yesterday.	エアコンは，昨日<u>修理された</u>。
The manufacturing facility is **operating** 24 hours a day.	その製造施設は，1日24時間<u>稼働している</u>。
This product is **intended** for indoor use.	この製品は室内利用<u>向け</u>です。
Follow the instructions exactly when operating the machine.	その機械を操作するときはきちんと説明書の指示に<u>従う</u>ように。
I **preferred** this year's workshop <u>to</u> the previous one.	私は去年のより今年の研究発表会の方が<u>好みだった</u>。
The furniture is scheduled to be **delivered** next Monday.	その家具は今度の月曜日に<u>配達される</u>予定だ。
The company **hosted** a large party for regular clients.	その会社は常連客のために大規模なパーティーを<u>主催した</u>。

Chapter 1　Section 2　動詞編

---

127 ☐☐☐
introduce
[ìntrədjúːs]

を **紹介する**；を導入する
introduce *A* to *B* A を B に紹介する
☐ **introduction** 名 紹介；導入

---

128 ☐☐☐
share
[ʃeər]

を **共有する**　名 分け前；株式
share *A* with *B* A を B と共有する
☐ **shareholder** 名 株主

---

129 ☐☐☐
post
発 [poust]

を **掲示する**；を部署に就ける　名 地位；柱

---

130 ☐☐☐
reduce
[rɪdjúːs]

を **減らす**（≒ cut, lower）
☐ **reduction** 名 減少，削減

---

131 ☐☐☐
allow
発 [əláu]

に **許す**，に許可する
allow *A* to *do* A が…するのを許す
☐ **allowance** 名 (一定額の) 手当；小遣い

---

132 ☐☐☐
expect
[ɪkspékt]

を **予期する**（≒ anticipate）
be expected to *do* …すると予想される
☐ **expectation** 名 期待；予想

---

133 ☐☐☐
suggest
[səgdʒést]

を **提案する**（≒ propose）；を示唆する
▪ suggest *doing* …することを提案する
☐ **suggestion** 名 提案；示唆

---

134 ☐☐☐
complete
[kəmplíːt]

を **完成する**，を記入する　形 全部そろった
▪ complete a form 用紙の全項目に記入する
☐ **completion** 名 完成

---

135 ☐☐☐
train
[treɪn]

を **訓練する**　名 電車
train *A* to *do* …するために A を訓練する
☐ **training** 名 訓練，研修

50

Let me **introduce** my new colleague to you.	私の新しい同僚をあなたに紹介します。
Thank you for **sharing** your opinion with us.	あなたの見解を私たちと共有してくれてありがとう。
Some shop owners **post** their customers' reviews on their Web sites.	何人かの店主は顧客の批評をウェブサイトに掲載する。
The prices of old models were **reduced** by 30 percent.	旧型の価格は30パーセント下げられた。
My boss **allowed** me to work from home two days a week.	上司は私が1週間に2日在宅勤務することを許可した。
The trade fair is **expected** to attract more than 6,000 visitors.	その見本市には6,000を超える人々が訪れると予想される。
He **suggested** that the meeting should be rescheduled for May 21.	彼は会議を5月21日に変更することを提案した。
It took two years to **complete** the bridge construction project.	橋の建設事業を完了するのに2年かかった。
We **train** our staff to provide better service.	私たちは，より良いサービスを提供するためにスタッフを訓練する。

51

Chapter 1　Section 2　名詞編

名詞編

136 ☐☐☐
bill
[bɪl]

請求書　**動** に請求書を送る
electricity bill 電気料金請求書
▪ pay a bill 勘定を払う

137 ☐☐☐
check
[tʃek]

小切手　**動** をチェックする；（荷物）を預ける
☐ paycheck 名 給料（小切手）
☐ checkup 名 健康診断；検査

138 ☐☐☐
cashier
🔊 [kæʃíər]

レジ係

139 ☐☐☐
subject
[sʌ́bdʒekt]

主題（≒ theme, topic）

140 ☐☐☐
construction
[kənstrʌ́kʃən]

建設
under construction 建築中で
☐ construct 動 を建設する

141 ☐☐☐
fare
[feər]

運賃

142 ☐☐☐
rate
[reɪt]

（単位当たりの）料金；割合　**動** を評価する
hourly rate 時給
▪ discounted rate ディスカウント料金

143 ☐☐☐
fine
[faɪn]

罰金　**動** に罰金を科す

144 ☐☐☐
shift
[ʃɪft]

（勤務の）交代；（交代制の）勤務時間　**動** を変える

52

By using energy-efficient appliances, you can save money on your <u>electricity</u> <u>bills</u>.	エネルギー効率の良い家電を使うことで，電気料金<u>請求書</u>の金額を減らせる。
I sent my registration form and a <u>check</u> for $80 to your office.	私は登録用紙と80ドルの<u>小切手</u>を御社の事務所に送りました。
He works as a <u>cashier</u> at a supermarket.	彼はスーパーで<u>レジ係</u>として働いている。
The <u>subject</u> of his presentation is the use of industrial robots.	彼のプレゼンテーションの<u>主題</u>は産業ロボットの利用です。
A new fitness center is currently under <u>construction</u>.	新しいフィットネスセンターが現在<u>建設</u>中だ。
Bus <u>fares</u> are going up by 25 cents next month.	来月，バスの<u>運賃</u>が25セント上がる。
The workers are paid at an <u>hourly</u> <u>rate</u> of $12.	労働者たちは<u>時給</u>12ドルで支払われる。
The driver was ordered to pay a <u>fine</u> for speeding.	その運転手はスピード違反の<u>罰金</u>の支払いを命じられた。
Our employees work in three <u>shifts</u>.	当社スタッフは3<u>交代制勤務</u>です。

53

Chapter 1 **Section 2** 名詞編

145 ☐☐☐
performance
[pərfɔ́ːrməns]

実績，性能；上演
(job) performance review 成績評価
☐ **perform** 動 を行う

146 ☐☐☐
agreement
[əgríːmənt]

合意(書)(≒ contract)；契約(書)
☐ **agree** 動 (に)同意する

147 ☐☐☐
attention
[əténʃən]

注意，注目
pay attention to ... …に注意する
☐ **attentive** 形 注意深い；親切な

148 ☐☐☐
challenge
アク [tʃǽlɪndʒ]

課題 動 に異議を唱える；に挑む
☐ **challenging** 形 意欲をかき立てる；挑戦的な

149 ☐☐☐
standard
[stǽndərd]

基準

150 ☐☐☐
quantity
[kwá(ː)ntəti]

量
a large quantity of ... 大量の…

151 ☐☐☐
exercise
[éksərsàɪz]

運動；練習 動 運動する
do exercise 運動をする

152 ☐☐☐
garage
発 [gərάːʒ]

ガレージ；自動車修理工場

153 ☐☐☐
favor
[féɪvər]

親切な行為；好意；支持
▪ in favor of ... …に賛成して
▪ Would you do me a favor? お願いがあるのですが。
☐ **favorable** 形 好意的な；有利な

He received a positive **performance** review from his boss.	彼は上司から良い**成績**評価をもらった。
The two companies signed an **agreement** to create a joint venture.	その2社は, 合弁事業を立ち上げる**合意書**にサインした。
The team leader is able to pay **attention** to detail when necessary.	チームのリーダーは必要なときに細部に**気を配る**ことができる。
We are facing the **challenge** of improving our productivity.	当社は生産性の向上という**課題**に直面している。
This product doesn't meet the company's **standards** for quality.	この製品は会社の品質**基準**を満たしていない。
StoreStar Co. directly buys a large **quantity** of vegetables from the farmer.	ストアスター社はその農家から**大量**の野菜を直接仕入れる。
The doctor advised him to do more **exercise**.	医者は彼にもっと**運動**するように助言した。
The car has been parked in a **garage**.	その車は**ガレージ**にとめられている。
Thank you for doing me a **favor**.	私に**親切な行為**をしてくれてありがとう。

55

Chapter 1 **Section 2** 名詞編

---

154 ☐☐☐
favorite
[féɪvərət]

お気に入り 　形 お気に入りの
▪ 右ページの例文は This is one of my favorite novels. と書き換えられる。

---

155 ☐☐☐
finding
[fáɪndɪŋ]

(-s) (調査・研究の)結果；発見

---

156 ☐☐☐
luggage
発 [lʌ́gɪdʒ]

(集合的に) (旅行者の)手荷物
(≒ baggage)
▪ 手荷物 1 点は a piece of luggage。

---

157 ☐☐☐
range
発 [reɪndʒ]

範囲
▪ a wide range of ... 広範囲の…

---

158 ☐☐☐
district
[dístrɪkt]

地区

---

159 ☐☐☐
period
[píəriəd]

期間

---

160 ☐☐☐
ability
[əbíləti]

能力
ability to do …する能力

---

161 ☐☐☐
audience
[ɔ́:diəns]

(集合的に)視聴者，観客(≒ spectator)

---

162 ☐☐☐
chart
[tʃɑ:rt]

図表
▪ table「表」と graph「グラフ，図式」も覚えておこう。

56

This novel is one of my **favorites**.	この小説は，私の<u>お気に入り</u>の1つです。
The researchers presented their **findings** at the conference.	研究者たちは，その会議で<u>研究結果</u>を発表した。
A porter carried my **luggage** to my room.	ポーターが私の<u>手荷物</u>を部屋に運んでくれた。
The price **range** of these products is from $100 to $500.	これらの製品の価格<u>帯</u>は100ドルから500ドルです。
The bank opened a new branch in the commercial **district**.	その銀行は商業<u>地区</u>に新支店を出した。
The total **period** of the project is three years.	そのプロジェクトの全<u>期間</u>は3年です。
She has the **ability** to speak English fluently.	彼女は英語を流ちょうに話す<u>能力</u>がある。
We use social media ads to reach a larger **audience**.	より多くの<u>視聴者</u>に届けるため，ソーシャルメディア広告を使う。
The **chart** shows last year's sales.	その<u>図表</u>は去年の売上高を表す。

57

Chapter 1 **Section 2** 名詞編

163 □□□
region
発 [ríːdʒən]

地域 (≒ area)
□ **regional** 形 地域の

164 □□□
clerk
発 [kləːrk]

事務員 ; 店員
▦ sales clerk 店員

165 □□□
grocery
[ɡróʊsəri]

(-ies) 食料雑貨品 ; 食料雑貨店
▦ grocery store 食料雑貨店

166 □□□
cabinet
[kǽbɪnət]

戸棚

167 □□□
environment
発 [ɪnváɪərənmənt]

周囲の状況 ; 自然環境
□ **environmentally** 副 環境保護に関して

168 □□□
coworker
[kóʊwəːrkər]

同僚 (≒ colleague)

169 □□□
decade
[dékeɪd]

10年間
▦ for decades 数十年間

170 □□□
sculpture
[skʌ́lptʃər]

彫刻
□ **sculptor** 名 彫刻家

171 □□□
hallway
[hɔ́ːlwèɪ]

廊下 (≒ corridor) ; 玄関ホール

58

The Lely Ranch is the second largest farm in the **region**.	レーリー・ランチはその地域で2番目に大きい農場です。
Andrea worked as a **clerk** at a law firm.	アンドレアは法律事務所で事務員として働いた。
A woman is pushing a shopping cart full of **groceries**.	女性は食料雑貨品がいっぱい入ったショッピングカートを押している。
She put a folder in the top drawer of a filing **cabinet**.	彼女は書類整理棚の一番上の引き出しに書類ばさみを入れた。
We improved the office **environment** by renovating the office space.	私たちは，事務所のスペースをリフォームして職場の環境を改善した。
A **coworker** gave me a ride to the train station.	同僚が駅まで車に乗せてくれた。
The city's population has doubled in the last **decade**.	その都市の人口はこの10年間で2倍になった。
The museum houses a fine collection of paintings and **sculptures**.	その美術館は優れた絵画と彫刻のコレクションを所蔵する。
Please take the stairs at the end of the **hallway**.	廊下の突き当たりの階段をご利用ください。

59

Chapter 1　**Section 2**　名詞編

---

172 ☐☐☐
walkway
[wɔ́:kwèɪ]

歩道 (≒ sidewalk)

---

173 ☐☐☐
electricity
㋒ [ɪlèktrísəti]

電気
☐ electrician 名 電気技師
☐ electric 形 電気の

---

174 ☐☐☐
influence
㋒ [ínfluəns]

影響 (力)　動 に影響を及ぼす
influence on ... …への影響
☐ influential 形 影響力の大きい

---

175 ☐☐☐
keynote
[kí:nòʊt]

(演説などの)要旨
keynote speaker 基調講演者

---

176 ☐☐☐
knowledge
㋩㋒ [nɑ́(:)lɪdʒ]

知識
☐ knowledgeable 形 博識な

---

177 ☐☐☐
checkout
[tʃékàʊt]

レジ；チェックアウト；点検
checkout counter レジカウンター

---

178 ☐☐☐
phase
㋩ [feɪz]

段階 (≒ stage)

---

179 ☐☐☐
income
㋒ [ínkʌm]

収入

---

180 ☐☐☐
stationery
[stéɪʃənèri]

(集合的に)文房具

60

There are some benches along the **walkway**.	歩道に沿っていくつかのベンチがある。
The storm cut off the **electricity** supply to the area.	嵐でその地域への電力供給が断たれた。
Advertising has a great **influence** on what people buy.	広告は人々が買うものに大きな影響を与える。
We would like to invite you as **keynote speaker** for our symposium.	当社のシンポジウムの基調講演者として，あなたをお招きしたいのです。
He has little **knowledge** of computer systems.	彼にはコンピューターシステムの知識がほとんどない。
The store no longer offers plastic bags at **checkout** counters.	その店は，もはやレジカウンターでビニール袋を提供しません。
The first **phase** of the project was finished in April.	プロジェクトの第1段階は4月に終わった。
Agriculture is the main source of **income** in this area.	農業はこの地域の主な収入源だ。
The **stationery** is kept in the top drawer.	文房具は一番上の引き出しに入っています。

Chapter 1　Section 2　名詞編　形容詞編

181 □□□
copier
[ká(:)piər]

コピー機(≒ photocopier, copy machine)
□ **copy** 名 写し；(本などの)部　動 をコピーする

182 □□□
basement
[béɪsmənt]

地下室

183 □□□
railing
[réɪlɪŋ]

手すり(≒ rail)

184 □□□
cupboard
発 [kʌ́bərd]

食器棚

185 □□□
stair
発 [steər]

(-s) 階段；(階段の)1段
□ **staircase** 名 階段

186 □□□
security
[sɪkjúərəti]

警備，安全保障
security system 警備装置
▪ a **security guard** 警備員

形容詞編

187 □□□
likely
[láɪkli]

ありそうな(⇔ unlikely ありそうもない)　副 たぶん，おそらく
be **likely** *to do* …しそうである

188 □□□
similar
[símələr]

似ている
be **similar** *to* … …と似ている
□ **similarly** 副 同様に

189 □□□
further
発 [fə́ːrðər]

さらにいっそうの；もっと遠い
▪ until **further notice** 別途通知があるまで

62

This **copier** is out of paper.	この<u>コピー機</u>は用紙切れです。
There is plenty of storage space in the **basement**.	<u>地下室</u>には，たくさんの収納スペースがある。
The woman is holding on to a **railing**.	女性は<u>手すり</u>につかまっている。
Cups are in the **cupboard** above the sink.	カップは流しの上の<u>食器棚</u>に入っている。
The restroom is upstairs. Please take the **stairs** over there.	トイレは上の階です。あちらの<u>階段</u>をお使いください。
A new **security** system was installed at the airport.	新しい<u>警備</u>装置が空港に設置された。
The proposal is **likely** to be accepted by the board of directors.	その提案書は取締役会で承認され<u>そう</u>だ。
His opinion is quite **similar** to mine.	彼の意見は，私の意見とよく<u>似ています</u>。
If you have **further** questions, please do not hesitate to contact us.	<u>さらに</u>質問がありましたら，遠慮なく当社に連絡してください。

Chapter 1 **Section 2** 形容詞編 | 副詞・その他編

190 □□□
comfortable
発 ア [kʌ́mfərtəbl]

快適な
□ comfort 名 快適さ；慰め 動 を慰める

191 □□□
downtown
[dàʊntáʊn]

中心街の，商業地区の 副 中心街へ，商業地区へ 名 中心街，商業地区
▪ go downtown 中心街に行く

192 □□□
tight
[taɪt]

きつい

193 □□□
former
[fɔ́:rmər]

前の
▪ the former「前者」と the latter「後者」をセットで覚えておこう。

194 □□□
typical
発 [típɪkəl]

典型的な
□ typically 副 典型的に；通常は

195 □□□
empty
[émpti]

人影がない；空の

196 □□□
pleased
[pli:zd]

喜んで，満足して
be pleased to *do* 喜んで…する
□ pleasure 名 楽しみ，喜び

副詞・その他編

197 □□□
exactly
[ɪgzǽktli]

正確に
▪ 会話で Exactly. と言うときは「(同意して)その通り」という意味となる。
□ exact 形 正確な；厳密な

198 □□□
shortly
[ʃɔ́:rtli]

すぐに (≒ soon)

The hotel was very clean and **comfortable**.	そのホテルはとても清潔で<u>快適</u>だった。
There are five museums in the **downtown** area.	<u>中心街</u>には5つの美術館がある。
We worked hard to meet a **tight** deadline.	私たちは<u>厳しい</u>締め切りを守るために懸命に働いた。
Jim is a **former** colleague of mine from my days at Gills Motors.	ジムは私がギルズ・モーターズで働いていたとき一緒だった<u>前の</u>同僚です。
This house is a **typical** example of the architecture of the period.	この家は，その時代の建築の<u>典型的な</u>例です。
The conference room was **empty**.	会議室には<u>誰もいな</u>かった。
We **are pleased** to announce that we have opened a new branch in Singapore.	私たちは，シンガポールに新支店を開設したことを<u>喜んで</u>発表いたします。
Please follow the instructions **exactly** when filling out the form.	その用紙に記入するときは，<u>正確に</u>指示に従ってください。
Ms. Johnson will be back **shortly**.	ジョンソンさんは<u>すぐに</u>戻ります。

65

Chapter 1 **Section 2** 副詞・その他編

---

199 ☐☐☐
frequently
発 [fríːkwəntli]

しばしば (≒ often)
☐ frequent 形 たびたびの

---

200 ☐☐☐
except
発 [ıksépt]

…を除いて
▦ except for ... …を除いて
☐ exceptional 形 非常に優れた；例外的な

66

They **frequently** travel abroad for business.	彼らは**頻繁に**海外出張する。
The art gallery is open every day **except** Sundays.	その画廊は日曜日**を除いて**毎日開いている。

■■ 覚えておきたい多義語

TOEIC L&R テストでは，1つの単語のさまざまな意味が問われることがあります。Section 2で出てきた中で，特に覚えておきたい多義語, 意外な意味を持つ多義語をチェックしましょう。

fix ⇨ 119 (p.48)

- **を修理する**

  He got a plumber to fix a water leak.

  （彼は，配管工に水漏れを修理してもらった。）

- **を固定する**

  He fixed the shelf to the wall.

  （彼は棚を壁に固定した。）

deliver ⇨ 125 (p.48)

- **(を)配達する**

  The furniture was delivered yesterday.

  （その家具は昨日配達された。）

- **(演説)をする**

  The mayor delivered a speech at the ceremony.

  （市長はその式典で演説をした。）

check ⇨ 137 (p.52)

- **小切手**
  I sent a <u>check</u> for $80 to the office.
  （私は80ドルの<u>小切手</u>を事務所に送りました。）

- **をチェックする**
  Safety inspectors <u>checked</u> the factory.
  （安全検査官たちが工場を<u>チェックした</u>。）

- **(荷物)を預ける**
  He <u>checked</u> his luggage at the airline's counter.
  （彼は航空会社のカウンターで荷物を<u>預けた</u>。）

garage ⇨ 152 (p.54)

- **ガレージ**
  The car has been parked in a <u>garage</u>.
  （その車は<u>ガレージ</u>にとめられている。）

- **自動車修理工場**
  I took the car to a <u>garage</u> to check for problems.
  （点検のため車を<u>修理工場</u>に持っていった。）

Column

部署名・職種をまとめて覚えよう

自己紹介や他者紹介，手紙やメールの宛先や差出人，お知らせや掲示の発行者や対象者，電話応対など，多くの場面で会社の部署名や職種が出てきます。それらの名称を知っておくことで，状況を素早く把握できます。なお，「〜部［課］」は department や division を使います。

部署名	
sales department	営業部
marketing department	マーケティング部
customer service department	顧客サービス部
public relations [PR] department	広報部
accounting department	経理部
payroll department	給与部
personnel [human resources, HR] department	人事部
general affairs department	総務部
administrative department	管理部
purchasing department	購買部
legal department	法務部
research and development [R&D] department	研究開発部

職種	
sales representative	販売担当者
customer service representative	顧客サービス担当者
technician	技術者
office clerk	事務員
secretary	秘書
receptionist	受付係
security guard	警備員

Column
職業名をまとめて覚えよう

TOEIC L&R テストでよく出てくる職業名をまとめて覚えましょう。職業名も状況を把握したり内容を予想したりするのに，大変重要な手掛かりになります。例えば plumber「配管工」が出てくれば水回りのトラブルの話かなと予想できますね。

職業名	
accountant	会計士，経理担当者
auditor	監査役
attorney, lawyer	弁護士
officer	役人，役員，警官
architect	建築家
printer	印刷業者
plumber	配管工
store[shop] clerk	店員
cleaner	クリーニング店員，清掃員
server, waiter	給仕係，ウエーター
physician, doctor	医者
dentist	歯医者
pharmacist	薬剤師
travel agent[agency]	旅行業者[代理店]
flight attendant	客室乗務員
entrepreneur	起業家

Chapter 2

600点を目指す単語

Section 3 74

Section 4 100

Section 5 126

Chapter 2　600点を目指す単語
Section 3

見出し語番号 201〜300

動詞編

---

201 ☐☐☐
review
動 [rɪvjúː]

を**見直す**，を再検討する　名 見直し；レビュー

---

202 ☐☐☐
apply
[əplái]

適用される；を適用する；申し込む

apply to ... …に適用される

▪ apply for ... …に応募する

☐ **application** 名 申し込み（書）；適用；アプリ（ケーション）

---

203 ☐☐☐
mark
[mɑːrk]

(年月などが…の記念日)に**当たる**；を示す；に印を付ける

mark A years since B B 以来 A 年を迎える

☐ **markedly** 副 著しく

---

204 ☐☐☐
approve
[əprúːv]

(を)**承認する**(⇔ disapprove (を)不可とする)；(に)賛成する

▪ approve of ... …を認める

☐ **approval** 名 承認，賛成

---

205 ☐☐☐
base
[beɪs]

に**基づかせる**　名 土台

▪ be based on ... は「…に基づく」，be based in ... は「…を本拠地としている」という意味となる。

☐ **basis** 名 土台；基礎

☐ **basic** 形 基本の

---

206 ☐☐☐
delay
[dɪléɪ]

を**遅らせる**(≒ put off ...)　名 遅れ

---

207 ☐☐☐
stock
[stɑ(ː)k]

に**(商品などを)置く**；蓄える　名 在庫(品)；株式

▪ out of stock 品切れ，在庫切れ

▪ in stock 在庫の

74

| 動詞編 p.74 | 形容詞編 p.92 |
| 名詞編 p.82 | 副詞・その他編 p.94 |

We don't have time to **review** the proposal once again.

もう一度その提案書を見直す時間はない。

The new dress code will **apply** to all employees of the company.

新しい服装規定は全従業員に適用される。

This year **marks** 10 years since the foundation of the company.

今年は，その会社の創業以来10年を迎える。

Board members **approved** the budget for the coming year.

取締役員たちは来年の予算を承認した。

These ideas for improvement are **based** on customers' feedback.

これらの改善案は顧客のフィードバックに基づいたものです。

Our plane was **delayed** due to stormy weather.

私たちの乗った飛行機は荒れ模様の天気のため遅れた。

A store clerk is **stocking** a shelf with organic products.

店員は棚にオーガニック製品を置いているところだ。

Chapter 2 Section 3 動詞編

208 □□□
manage
発 ア [mǽnɪdʒ]

を**なんとかやり遂げる**；を経営する

manage to *do* なんとか…する

209 □□□
dine
[daɪn]

食事をする

□ diner 名 食事をする人
□ dining 名 食事

210 □□□
serve
発 [səːrv]

(飲食物)を**出す**；に仕える

⊞ serve as ... …として役立つ

211 □□□
seek
[siːk]

(を)**探し求める** (≒ look for ...)

212 □□□
vote
[voʊt]

投票する 名 投票；票

vote on ... …について投票する
⊞ vote for [against] ... …に賛成[反対]票を投じる

213 □□□
donate
[dóʊneɪt]

を**寄付する**

donate A to B A を B に寄付する
□ donation 名 寄付(金)，寄進(物)

214 □□□
suit
発 [suːt]

(に)**合う** 名 スーツ

suit *one's* needs …のニーズを満たす
□ suitable 形 適切な

215 □□□
specialize
[spéʃəlàɪz]

専門にする

specialize in ... …を専門にする
□ specialty 名 専門；(店などの)名物

216 □□□
lower
[lóʊər]

を**下げる**

76

She **managed** to catch the last train.	彼女はなんとか終電に乗ることができた。
She **dined** with friends at the restaurant.	彼女は友人たちとそのレストランで食事をした。
Breakfast is **served** until 10 A.M. on weekdays, and until noon on weekends.	朝食は平日は午前10時まで，週末は正午まで出されます。
The company is **seeking** experienced salespeople for its London office.	その会社は，ロンドンの事務所で働ける経験豊かな販売員を求めています。
Board members will **vote** on the proposal next Friday.	役員会のメンバーが今度の金曜日にその提案について投票を行う。
The baseball player **donated** the prize money to a charity.	その野球選手は賞金を慈善事業に寄付した。
We have a lot of training courses that will **suit** your needs.	当社にはあなたのニーズに合う多くの訓練コースがあります。
The company **specializes** in manufacturing made-to-order furniture.	その会社はオーダーメード家具の製造を専門にしている。
If you order 100 units or more, we will **lower** the price by 5 percent.	100ユニット以上のご注文であれば，5パーセント価格を下げます。

77

Chapter 2 **Section 3** 動詞編

---

217 ☐☐☐
promise
[prá(ː)məs]

(を[に])**約束する** 名 約束
promise to *do* …すると約束する
☐ promising 形 前途有望な

---

218 ☐☐☐
recognize
🔊 [rékəgnàɪz]

(業績・人・物事)を**認める**
☐ recognition 名 認知；表彰

---

219 ☐☐☐
disappoint
[dìsəpɔ́ɪnt]

を**失望させる**(⇔ satisfy を満足させる)
be disappointed with … …に失望する
☐ disappointing 形 失望させるような

---

220 ☐☐☐
contribute
🔊 [kəntríbjət]

貢献する；に寄付する
contribute to … …に貢献する
☐ contribution 名 貢献；寄付金

---

221 ☐☐☐
relate
[rɪléɪt]

を**関係付ける**；関係のある
be related to … …に関連している

---

222 ☐☐☐
connect
[kənékt]

つながる；をつなぐ
connect with … …と接続する

---

223 ☐☐☐
broadcast
[brɔ́ːdkæst]

(を)**放送する** 名 放送(番組)
⁞ 活用：broadcast - broadcast - broadcast

---

224 ☐☐☐
load
[loʊd]

を[に]**積み込む**(⇔ unload を降ろす) 名 荷物
load *A* into *B* (= load *B* with *A*) A を B に積み込む

---

225 ☐☐☐
affect
[əfékt]

に**影響する**
⁞ スペルの似た effect [ɪfékt] 名「効果，影響」に注意。

78

He **promised** to send free product samples to the buyer.	彼は無料の製品サンプルをそのバイヤーに送ると<u>約束した</u>。
Beth was **recognized** for her hard work, and was promoted to Manager.	ベスは努力が<u>認められ</u>て，マネージャーに昇進した。
He was **disappointed** with the quality of the product.	彼はその製品の品質に<u>がっかりした</u>。
Our team **contributed** to the success of the project.	私たちのチームはそのプロジェクトの成功に<u>貢献した</u>。
The questions in this survey are **related** to employee satisfaction.	この調査の質問は，社員満足度に<u>関する</u>ものです。
This train **connects** with the one to Chicago.	この列車はシカゴ行きの列車に<u>接続する</u>。
The concert will be **broadcast** live on the Internet.	そのコンサートはインターネットで生<u>放送されます</u>。
They **loaded** all the boxes into the truck.	彼らは全ての箱をトラックに<u>積み込んだ</u>。
Rising fuel prices will **affect** the shipping costs.	高騰している燃料価格は，運送費に<u>影響を及ぼす</u>だろう。

79

Chapter 2 **Section 3** 動詞編

---

226 ☐☐☐
communicate
[kəmjúːnɪkèɪt]

連絡する；を伝える
communicate with ... …と連絡を取る

---

227 ☐☐☐
confuse
[kənfjúːz]

を**困惑させる**；を混同する
be confused about ... …に困惑している
▦ confuse *A* with *B* A を B と混同する

---

228 ☐☐☐
gather
[gǽðər]

を**集める**(≒ collect)；集まる
☐ gathering 名 収集；集会

---

229 ☐☐☐
afford
[əfɔ́ːrd]

に対する**余裕がある**
can't afford to *do* …する余裕がない
☐ affordable 形 手頃な価格の

---

230 ☐☐☐
aim
[eɪm]

狙う；を向ける 名 目標
aim to *do* …することを目指す

---

231 ☐☐☐
function
[fʌ́ŋkʃən]

機能する 名 機能
☐ malfunction 名 (機械などの)不調

---

232 ☐☐☐
stroll
[stroʊl]

(を)**ぶらぶら歩く** 名 散歩

---

233 ☐☐☐
recover
[rɪkʌ́vər]

を**取り戻す**；(を)回復する
☐ recovery 名 回復

---

234 ☐☐☐
refuse
[rɪfjúːz]

を**(きっぱり)断る**；を拒む

80

Now that Jim works in a different office, I **communicate** with him by e-mail.	今やジムは別の事務所で働いているので，彼とはEメールで連絡を取る。
I'm **confused** about what to do.	私は何をすればいいのか困惑している。
They **gathered** data on environmental issues.	彼らは，環境問題についてのデータを集めた。
He can't **afford** to start a new business right now.	彼は今，新しい事業を始める余裕がない。
The company is **aiming** to increase sales by 20 percent next year.	その会社は，来年売り上げを20パーセント増やすことを目指している。
The scanner isn't **functioning** properly.	スキャナーがちゃんと機能していない。
He **strolled** along the riverbank.	彼は川の土手をぶらぶら歩いた。
They are working hard to **recover** the costs of the recall.	リコールにかかった費用を取り戻すために，彼らは努力している。
The manager **refused** his request for a raise.	部長は，彼の昇給の要求を断った。

Chapter 2 Section 3 動詞編 名詞編

235 ☐☐☐
dig
[dɪg]

(地面など)(を)**掘る**

名詞編

236 ☐☐☐
conference
[ká(:)nfərəns]

会議；大会
☐ videoconference 名 テレビ会議

237 ☐☐☐
department
[dɪpá:rtmənt]

部門, 課(≒ division)；(大学の)学科
▪ department store 百貨店

238 ☐☐☐
form
[fɔːrm]

記入用紙, フォーム
▪ order form 注文書

239 ☐☐☐
appointment
[əpɔ́ɪntmənt]

(面会の)約束；任命
appointment with ... …に会う約束
☐ appoint 動 を任命する

240 ☐☐☐
detail
[díːteɪl]

詳細, 細部 動 を詳しく述べる
▪ in detail 詳しく

241 ☐☐☐
automobile
[ɔ́ːtəmoʊbìːl]

自動車(≒ car)
☐ automotive 形 自動車の

242 ☐☐☐
vehicle
発 [víːəkl]

乗り物

243 ☐☐☐
purpose
発 [pə́ːrpəs]

目的(≒ objective, aim, goal, target)

Workers are **digging** in the ground.	労働者たちが地面を<u>掘っている</u>。
The international **conference** was held in France this year.	今年，その国際<u>会議</u>はフランスで開催された。
She works in the marketing **department** of a travel agency.	彼女は旅行代理店のマーケティング<u>部門</u>で働いている。
Please take a minute to fill out this **form**.	ちょっと時間を取ってこの<u>用紙</u>に記入してください。
He has an **appointment** with a client at 2 P.M.	彼は午後2時に顧客<u>との約束</u>がある。
I will tell you the **details** of the payment.	あなたにその支払いの<u>詳細</u>を伝えます。
The **automobile** runs on electricity instead of gasoline.	その<u>自動車</u>はガソリンではなく電気で動く。
A **vehicle** has been parked in a driveway.	<u>乗り物</u>が私道にとめられている。
The **purpose** of this meeting is to provide updates on the project.	この会議の<u>目的</u>は，プロジェクトについて最新情報を提供することだ。

Chapter 2 **Section 3** 名詞編

244 ☐☐☐ **concern** [kənsə́ːrn]	懸念（≒ worry, anxiety）；関心事　**動** を心配させる；に関係する ⊞ *be* concerned about ... …について心配している ☐ **concerning** 前 …に関して
245 ☐☐☐ **professional** [prəféʃənəl]	プロ　**形** プロの；職業の
246 ☐☐☐ **workshop** [wə́ːrkʃà(ː)p]	講習会；作業場
247 ☐☐☐ **lease** [liːs]	賃貸借契約　**動** を賃貸し[賃借り]する
248 ☐☐☐ **rent** [rent]	家賃，賃貸料　**動** 賃借り[賃貸し]する ☐ **rental** 名 賃借[賃貸]料　**形** 賃貸の
249 ☐☐☐ **trail** [treɪl]	小道（≒ path）；跡
250 ☐☐☐ **proposal** [prəpóuzəl]	提案，提案書 ☐ **propose** 動 を提案する
251 ☐☐☐ **addition** [ədíʃən]	加わった人[物] ⊞ in addition to ... …に加えて
252 ☐☐☐ **author** 発 [ɔ́ːθər]	著者

Residents had **concerns** about noise from the construction site.	住民は工事現場からの騒音に対する**懸念**があった。
We are looking for sales **professionals** to join our team.	当社は，チームに加わる販売の**プロ**を探しています。
A writing **workshop** will be held in the library next Tuesday.	文芸創作の**講習会**は，今度の火曜日に図書館で開かれる。
The company renewed the **lease** on the office.	その会社は事務所の**賃貸契約**を更新した。
The landlord lowered the **rent** because he was unable to find a tenant.	賃借人が見つからず，家主は**家賃**を下げた。
The national park has many scenic walking **trails**.	その国立公園には，たくさんの景色の良い散歩**道**がある。
I made a **proposal** for a new advertising campaign.	私は新しい宣伝活動の**提案**をした。
With his strong computer skills, he will make a good **addition** to our team.	優れたコンピュータースキルがあるので，彼の**加入**はチームにとって良いことだろう。
He is the **author** of several books on business management.	彼は企業経営に関する数冊の本の**著者**だ。

85

Chapter 2　Section 3　名詞編

253 ◻◻◻ **lawyer** 発 [lɔ́ːjər]	**弁護士**；法律家
254 ◻◻◻ **mayor** [méiər]	**市長**，町長
255 ◻◻◻ **official** アク [əfíʃəl]	**職員**，役員　形 公式な；当局の city official 市の職員
256 ◻◻◻ **quarter** 発 [kwɔ́ːrtər]	**四半期** in the *A* quarter 第 A 四半期に ◻ **quarterly** 形 四半期の，3 カ月に 1 度の
257 ◻◻◻ **brochure** [brouʃúər]	**パンフレット**，小冊子
258 ◻◻◻ **flyer** [fláiər]	**チラシ**，ビラ (≒ leaflet)
259 ◻◻◻ **warehouse** [wéərhàus]	**倉庫**
260 ◻◻◻ **atmosphere** アク [ǽtməsfìər]	**雰囲気**
261 ◻◻◻ **setting** [sétiŋ]	**(周りの)状況**；(機器の)設定(値)

She works as a corporate lawyer for a major company.	彼女は大企業の会社顧問弁護士として働いている。
This year's keynote speaker is Mayor Lisa Keith.	今年の基調演説者は，リサ・キース市長です。
City officials said that road repairs will be finished soon.	市の職員は，道路補修工事は間もなく終わると言った。
Sales in the third quarter rose 20 percent to $1.5 million.	第3四半期の売り上げは20パーセント増えて150万ドルになった。
For payment information, please see page 3 of the brochure.	お支払いに関する情報は，パンフレットの3ページをご覧ください。
A man is handing out flyers advertising a local festival.	男性が地元のお祭りを宣伝するチラシを配っている。
Item number 532HF is not stored in the warehouse.	品番532HF は，倉庫に在庫がありません。
The café has a warm and welcoming atmosphere.	その喫茶店には温かく迎える雰囲気がある。
The successful applicant must be able to work in a busy office setting.	合格者は，忙しいオフィスの環境で，働くことができなければならない。

87

Chapter 2　Section 3　名詞編

262 □□□
laboratory
[lǽbərətɔ̀:ri]

研究所[室] (≒ lab)

---

263 □□□
term
[tə:rm]

期間 ；(契約)条項
in the long term 長期的には
□ long-term 形 長期にわたる

---

264 □□□
deal
[di:l]

取引 動 取引する；対処する
∷ a great deal of ... たくさんの…
∷ deal with ... …に対処する ；…に取り組む

---

265 □□□
landscape
[lǽndskèɪp]

風景(画) (≒ view)

---

266 □□□
consumer
[kənsjú:mər]

消費者
□ consume 動 を消費する
□ consumption 名 消費

---

267 □□□
retirement
[rɪtáɪərmənt]

退職
□ retire 動 退職する

---

268 □□□
division
[dɪvíʒən]

部門 (≒ department) ；分割
□ divide 動 を分ける

---

269 □□□
measure
[méʒər]

(-s)手段 ；寸法；測定基準 動 を測る
□ measurable 形 測定できる
□ measurement 名 計測(値)；寸法

---

270 □□□
method
[méθəd]

方法

All workers in the laboratory are required to wear lab coats.	研究所の全従業員は，実験用白衣を着なければならない。
In the long term, lack of exercise causes heart disease.	長期的に見て，運動不足は心疾患を引き起こす。
Bluearch Group bought the company in a €30 million deal.	ブルーアーチ・グループは3000万ユーロの取引でその会社を買収した。
The landscape began to change as we drove north.	車で北へ走るにつれて景色が変わり始めた。
More and more consumers are using environmentally friendly products.	ますます多くの消費者が環境に優しい製品を使いつつある。
The president, Mr. Miller, announced his retirement from the company.	社長のミラー氏はその会社を退職することを発表した。
She works as an engineer in the electronic publishing division.	彼女は電子出版部門のエンジニアとして働いています。
Cost-cutting measures have been taken in all offices.	全ての事務所で経費削減策が取られた。
We offer several payment methods.	いくつかの支払い方法があります。

Chapter 2　Section 3　名詞編

271 ☐☐☐
degree
[dɪgríː]

学位；程度；(温度の)度
master's degree 修士の学位
■ bachelor's degree 学士号

272 ☐☐☐
poll
発 [poʊl]

世論調査(≒ survey)

273 ☐☐☐
attempt
[ətémpt]

試み　動 を試みる
attempt to *do* …しようとする試み

274 ☐☐☐
workplace
[wɔ́ːrkplèɪs]

職場

275 ☐☐☐
ceiling
発 [síːlɪŋ]

天井

276 ☐☐☐
forecast
アク [fɔ́ːrkæst]

予想　動 を予想する
weather forecast 天気予報

277 ☐☐☐
capacity
[kəpǽsəti]

生産能力；容量

278 ☐☐☐
cooperation
[koʊà(ː)pəréɪʃən]

協力(≒ collaboration)
☐ cooperative 形 協力的な；共同して行う

279 ☐☐☐
occasion
[əkéɪʒən]

(特定の)場合(≒ instance)；出来事
☐ occasionally 副 時々

90

She has a master's **degree** in business administration.	彼女は経営学で修士の学位を持っている。
The company conducted a **poll** with 736 respondents.	その会社は世論調査を行い，736人の回答者を得た。
This is his second **attempt** to deliver the package to the resident.	荷物をその住人へ配達しようとする彼の試みは，これが2回目だ。
She lives in an apartment near her **workplace**.	彼女は職場近くのアパートに住んでいる。
The light is suspended from the **ceiling**.	その照明は天井からつるされている。
According to the weather **forecast**, it's going to rain this afternoon.	天気予報によると，今日の午後は雨が降るらしい。
The factory is operating at full **capacity**.	工場は最大生産能力で稼働している。
Much of her speech was about international **cooperation**.	彼女のスピーチの多くは国際協力についてだった。
I'm saving this suit for a special **occasion**.	このスーツは特別な時のために取っておいてあります。

Chapter 2　Section 3　名詞編　形容詞編

280 ☐☐☐
clothes
発 [kloʊz]

衣服（≒ clothing）
▦ 1点を表す場合は a piece of clothing。

281 ☐☐☐
diet
[dáɪət]

（日常の）食事

282 ☐☐☐
crew
[kru:]

一団；(全)乗組員
▦ 1人1人を指すときは crew member。

283 ☐☐☐
crossing
[krɔ́(:)sɪŋ]

交差点（≒ intersection）

284 ☐☐☐
belonging
[bɪlɔ́(:)ŋɪŋ]

(-s) 所有物，身の回り品

285 ☐☐☐
lawn
発 [lɔ:n]

芝生，芝地

286 ☐☐☐
curb
[kə:rb]

縁石
▦ 音が似ている curve [kə:rv] 「曲線，（道路などの）カーブ」に注意。

形容詞編

287 ☐☐☐
upcoming
[ʌ́pkʌ̀mɪŋ]

もうすぐやってくる

288 ☐☐☐
historic
ア [hɪstɔ́(:)rɪk]

歴史上重要な
☐ historical 形 歴史の

92

He designs and makes clothes for women.	彼は女性用の衣服をデザインして仕立てる。
I need to change my diet and eat healthier foods.	私は食生活を変えて，もっと健康に良いものを食べる必要がある。
A construction crew is working on the road.	建設作業員の一団が道路工事をしている。
Turn right at the next crossing, please.	次の交差点を右に曲がってください。
Please make sure to take all your belongings with you.	自分の持ち物全てを忘れずに持って行くようにしてください。
A man is pushing a lawn mower around his yard.	男性が庭で芝刈り機を押している。
A car is parked at the curb.	縁石のところに車がとめられている。
We are excited about our upcoming company picnic.	私たちは，近づいている会社のピクニックにワクワクしている。
The old city has many historic sites.	その旧市街には多くの歴史上重要な場所がある。

Chapter 2　Section 3　形容詞編　　副詞・その他編

---

289 ☐☐☐
convenient
[kənvíːniənt]

便利な，都合の良い (⇔ inconvenient 不便な，都合が悪い)
☐ **convenience** 名 便利(さ)
☐ **conveniently** 副 都合良く，便利に

---

290 ☐☐☐
certain
[sɔ́ːrtən]

特定の (≒ particular)；ある；確信して
▦ It is certain that ... …は確実である
☐ **certainly** 副 確実に

---

291 ☐☐☐
accessible
[əksésəbl]

接近できる (⇔ inaccessible 近づきにくい)
☐ **access** 名 アクセス；接近

---

292 ☐☐☐
brief
[briːf]

簡潔な；短時間の
☐ **briefly** 副 簡潔に
☐ **briefcase** 名 ブリーフケース，書類かばん

---

293 ☐☐☐
whole
[hoʊl]

全てを含んだ (≒ entire)；全部の

---

294 ☐☐☐
reasonable
[ríːzənəbl]

(値段が)手頃な；道理にかなった

---

295 ☐☐☐
skilled
[skɪld]

熟練した
be skilled at ... …が巧みだ
☐ **skill** 名 優れた腕前，技能

副詞・その他編

296 ☐☐☐
therefore
⓻ [ðéərfɔ̀ːr]

それゆえに (≒ thus)

---

297 ☐☐☐
especially
[ɪspéʃəli]

特に (≒ particularly)

94

The hotel is **convenient** for shopping and sightseeing.	そのホテルは買い物と観光に**便利**だ。
Members who do not cancel by a **certain** date will be charged a renewal fee.	**決まった**日までにキャンセルしないと，更新料がかかります。
The shopping center is easily **accessible** by car or bus.	そのショッピングセンターは車やバスで簡単に**行ける**。
Let me tell you a **brief** history of our company.	当社の**簡単な**歴史を述べさせてください。
It took a **whole** day to install a new computer network.	新しいコンピューターネットワークを設置するのに**丸**1日かかった。
The store sells quality products at **reasonable** prices.	その店は質の高い商品を**手頃な**値段で売る。
She is **skilled** at dealing with complaints from customers.	彼女は，顧客からの苦情を扱うのが**うまい**。
This seminar is useful. **Therefore**, all staff should attend.	このセミナーは役に立つ。**それゆえ**全スタッフが参加すべきだ。
Making a good first impression is important, **especially** in business.	良い第一印象を与えることは，**特に**ビジネスでは重要だ。

Chapter 2 **Section 3** 副詞・その他編

298 ☐☐☐ **besides** [bɪsáɪdz]	**その上** ☐ beside 前 …のそばに [で]
299 ☐☐☐ **hardly** [hɑ́ːrdli]	**ほとんど…ない**
300 ☐☐☐ **despite** [dɪspáɪt]	**…にもかかわらず** (≒ in spite of …)

This product is easy to use, and **besides**, it's good for the environment.	この製品は使いやすく、<u>その上</u>，環境に良い。
He **hardly** had time to eat lunch today.	今日，彼は昼食を食べる時間が<u>ほとんどな</u>かった。
Despite his efforts, the proposal was not accepted.	彼の努力<u>にもかかわらず</u>，その提案は受け入れられなかった。

覚えておきたい多義語

TOEIC L&R テストでは，1つの単語のさまざまな意味が問われることがあります。Section 3で出てきた中で，特に覚えておきたい多義語，意外な意味を持つ多義語をチェックしましょう。

apply ⇨ **202**（p.74）

- **適用される**

  The dress code applies to all employees.

  （その服装規定は全従業員に適用される。）

- **申し込む**

  A lot of people applied for the job.

  （多くの人がその仕事に応募した。）

term ⇨ **263**（p.88）

- **期間**

  In the long term, lack of exercise causes heart disease.

  （長期的に見て，運動不足は心疾患を引き起こす。）

- **（契約）条項**

  They are negotiating the terms of the contract.

  （彼らは契約条件を交渉している。）

measure ⇨ 269 (p.88)

- **手段**

Cost-cutting measures have been taken in all offices.

（全ての事務所で経費削減策が取られた。）

- **を測る**

The tailor measured him for a new suit.

（仕立店は新しいスーツのために彼（の寸法）を測った。）

certain ⇨ 290 (p.94)

- **特定の**

You can cancel your membership by a certain date.

（決まった日まで会員資格をキャンセルできます。）

- **確信して**

He is certain that he will get a raise.

（彼は昇給すると確信している。）

Chapter 2 600点を目指す単語
Section 4

動詞編

見出し語番号 301〜400

---

301 □□□
provide
[prəváɪd]

(を)**供給する**

provide A for B (= provide B with A) A を B に提供する

■ provided (that ...) もし…ならば，…という条件で

□ **provision** 图 供給；(-s)食糧

---

302 □□□
design
[dɪzáɪn]

を**設計する** 图 設計図

be designed to do …するように作られている

---

303 □□□
advertise
🔊 [ǽdvərtàɪz]

を**宣伝する**；広告を出す

■ an advertising campaign 宣伝キャンペーン

□ **advertisement** (= ad) 图 広告

---

304 □□□
attend
[əténd]

に**出席する** (≒ take part in ... , participate in ...)；対応する

□ **attendance** 图 出席(者)；出席数
□ **attendee** 图 出席者

---

305 □□□
hire
[háɪər]

を**雇う** (≒ employ) 图 被雇用者

hire A as B A を B として雇う

---

306 □□□
submit
🔊 [səbmít]

を**提出する** (≒ hand in ... , turn in ...)

□ **submission** 图 提出(物)

---

307 □□□
announce
[ənáʊns]

を**発表する**

□ **announcement** 图 発表

---

308 □□□
recommend
🔊 [rèkəménd]

を**勧める**

recommend doing …することを勧める

□ **recommendation** 图 推薦(状)

100

☐ 動詞編 p.100	☐ 形容詞編 p.116
☐ 名詞編 p.108	☐ 副詞編 p.120

The hotel **provides** a free shuttle bus service for guests.

そのホテルは客に無料シャトルバスのサービスを提供する。

This mobile app is **designed** to make shopping easier for consumers.

このモバイルアプリは，消費者にとって買い物がより簡単になるように作られている。

Many companies **advertise** their products on social media.

多くの会社は，ソーシャルメディアで商品を宣伝する。

I'm **attending** a meeting at the Singapore office tomorrow.

明日はシンガポールの事務所で会議に出席します。

The company **hired** Ms. Simpson as its financial advisor.

その会社はシンプソンさんを財務顧問として雇った。

Mike has **submitted** a proposal to his boss.

マイクは上司に提案書を提出した。

The company **announced** the closure of two factories.

その会社は2つの工場の閉鎖を発表した。

He **recommends** checking the airline's Web site to see if the flight is on time.

彼はその便が時間通りか調べるために航空会社のウェブサイトを確認するよう勧める。

101

Chapter 2　Section 4　動詞編

309 □□□
arrange
発 [əréɪndʒ]

を**きちんと並べる**；の**手配をする**
□ arrangement 名 手配；配置

310 □□□
note
[noʊt]

に**注意する**；を書き留める　名 メモ；注釈
Please note (that) ... …に注意してください

311 □□□
board
[bɔːrd]

に**乗り込む**(≒ get on ...)　名 板
bulletin board 掲示板

312 □□□
encourage
[ɪnkə́ːrɪdʒ]

を**促す**(⇔ discourage (人)のやる気をそぐ)
encourage A to do A に…するように促す
□ encouragement 名 激励

313 □□□
improve
発 [ɪmprúːv]

を**改良する**
□ improvement 名 改良

314 □□□
install
[ɪnstɔ́ːl]

を**取り付ける**；を就任させる；をインストールする
□ installation 名 取り付け；インストール

315 □□□
satisfy
ア [sǽtɪsfàɪ]

を**満足させる**(⇔ dissatisfy に不満を抱かせる)
be **satisfied with ...** …に満足している
□ satisfactory 形 満足な

316 □□□
celebrate
ア [séləbrèɪt]

を**祝う**
□ celebration 名 祝うこと，祝賀

317 □□□
correct
[kərékt]

を**訂正する**　形 正しい
□ correction 名 訂正
□ incorrect 形 正しくない，間違った

102

The chairs were **arranged** in five rows.	椅子は5列に並べられていた。
Please **note** that tax is included in the price.	価格には税金が含まれていることに注意してください。
We **boarded** the plane bound for Sydney.	私たちはシドニー行きの飛行機に乗り込んだ。
The discount coupon will **encourage** customers to visit our Web site.	割引クーポンが顧客に当社のウェブサイトを訪れるように促す。
We received a few suggestions to **improve** our customer service.	当社は，顧客サービスを改善する提案をいくつか受けた。
New machinery was **installed** in the factory.	新しい機械が工場に設置された。
The guest was **satisfied** with the service of the hotel.	その客は，ホテルのサービスに満足した。
AUZ Radio **celebrated** its 10th anniversary on June 9.	AUZ ラジオは6月9日に設立10周年を祝った。
The firm issued a press release to **correct** the misunderstanding.	会社は誤解を正すために，プレスリリースを出した。

103

Chapter 2　Section 4　動詞編

---

318 ☐☐☐
permit
カ [pərmít]

(を)**許す**　名許可(証)
※ 名詞はアクセントの位置が変わり，[pə́rmɪt] となる。
☐ **permission** 名許可

---

319 ☐☐☐
handle
[hǽndl]

を**扱う**(≒ deal with ...)　名持ち手

---

320 ☐☐☐
postpone
発カ [poustpóun]

を**延期する**(≒ put off ...)

---

321 ☐☐☐
impress
カ [ɪmprés]

に**感銘を与える**
impress A **with** B A を B で感動させる
☐ **impression** 名印象
☐ **impressive** 形印象的な，感動的な

---

322 ☐☐☐
finalize
[fáɪnəlàɪz]

を**完結させる**，を仕上げる

---

323 ☐☐☐
approach
発 [əpróutʃ]

(に)**近づく**　名取り組み；接近
※ approach to ... …への取り組み

---

324 ☐☐☐
guarantee
発カ [gæ̀rəntíː]

を[に]**保証する**　名保証(書)

---

325 ☐☐☐
adjust
[ədʒʌ́st]

を**調節する**；順応する
adjust A **to** B A を B に合わせて調節する
※ adjust to ... …に順応する

---

326 ☐☐☐
exist
発 [ɪgzíst]

存在する
☐ **existing** 形現存する

104

The use of cameras and recording devices is not **permitted** inside the theater.	劇場内でのカメラや記録装置の使用は<u>許可されていま</u>せん。
John **handled** the complaint from the customer.	ジョンがその客の苦情に<u>対処した</u>。
The meeting has been **postponed** until July 2.	その会議は7月2日まで<u>延期された</u>。
Ken **impressed** us **with** his knowledge of the law.	ケンは法律の知識で私たちを<u>感心させた</u>。
After 3 months of hard effort, the construction plan was **finalized**.	3カ月にわたる懸命な努力の後, 建設計画は<u>最終決定された</u>。
As I **approached** the intersection, the traffic lights turned green.	交差点に<u>近づく</u>と, 信号が青に変わった。
All our products are **guaranteed** for one year from the date of purchase.	当社の全製品は購入日から1年間<u>保証されます</u>。
He **adjusted** the bicycle seat to his height.	彼は自分の身長に合わせて自転車の座席を<u>調節した</u>。
No such name **exists** in the client list.	そのような名前は顧客リストの中に<u>存在し</u>ません。

105

Chapter 2　Section 4　動詞編

327 □□□
occupy
[á(:)kjupàɪ]

を**占有する**
□ occupation 名 職業；占有

328 □□□
sense
[sens]

を**感知する**　名 感覚；道理
⊞ make sense 道理にかなう
□ sensitive 形 敏感な

329 □□□
fold
[foʊld]

を**畳む**

330 □□□
settle
[sétl]

を**解決する**；(仕事・場所などに)落ち着く

331 □□□
stress
[stres]

を**強調する**　名 圧力；緊張
□ stressful 形 ストレスの多い

332 □□□
consist
[kənsíst]

成り立っている
consist of ... …で構成される

333 □□□
regret
[rɪgrét]

(を)**残念に思う**；(を)後悔する　名 遺憾；後悔
regret to *do* 残念ながら…する
⊞ regret *doing* …したことを残念に思う

334 □□□
rely
[rɪláɪ]

頼る
rely on ... …に頼る
□ reliable 形 信頼できる

335 □□□
pour
[pɔːr]

を**注ぐ**
pour *A* into *B* A を B に注ぐ

106

All the seats in the theater were **occupied**.	劇場の席は全部ふさがっていた。
He **sensed** that his audience was enjoying his speech.	彼は，聴衆が彼のスピーチを楽しんでいたことを感じ取った。
Some **folded** clothes are on a shelf.	畳まれた衣服が棚の上にある。
They will not sign the contract until this issue is **settled**.	この問題が解決するまで，彼らは契約書にサインしないだろう。
The boss **stressed** the importance of communication.	上司はコミュニケーションの重要性を強調した。
Our team **consists** of ten sales representatives and two tech experts.	当チームは10人の販売担当者と2人の技術者から成る。
I **regret** to say that I have to decline your invitation.	残念ながら，あなたからのご招待をお断りしなければならないことをお伝えします。
Many companies **rely on** social media to advertise their products.	多くの会社が自社製品を宣伝するのにソーシャルメディアに頼る。
He is **pouring** coffee into a cup.	彼はコーヒーをカップに注いでいる。

Chapter 2　Section 4　名詞編

名詞編

336 □□□
line
[laɪn]

（商品などの）ライン
a new line of ... …の新しい製品ライン
▦ a product line 製品ライン

337 □□□
opening
[óʊpənɪŋ]

（地位・職などの）空き

338 □□□
survey
⑦ [sə́:rveɪ]

調査

339 □□□
equipment
[ɪkwípmənt]

設備，機器
audio equipment 音響設備
□ **equip** 動 に備えつける

340 □□□
machinery
発 [məʃí:nəri]

機械（≒ equipment）
▦ machinery は集合的に「機械」を意味する不可算名詞だが，machine は「1つ1つの機械」を指す可算名詞。

341 □□□
budget
[bʌ́dʒət]

予算

342 □□□
award
発 [əwɔ́:rd]

賞，賞品　動 に [を] 与える
□ **award-winning** 形 受賞した

343 □□□
reservation
[rèzərvéɪʃən]

予約（≒ booking）；不安

344 □□□
lot
[lɑ(:)t]

土地
parking lot 駐車場

108

The company will launch a new **line** of sports clothes.	その会社はスポーツウェアの新しい製品**ライン**を売り出す。
The company has an **opening** for a full-time receptionist.	その会社には常勤の受付係の**空き**がある。
We conduct a customer satisfaction **survey** once a year.	当社は顧客満足度**調査**を年に1回行う。
New audio **equipment** was installed in the conference room.	新しい音響**設備**が会議室に設置された。
The construction workers are operating heavy **machinery**.	建設作業員たちが**重機**を操作している。
The **budget** for advertising has been cut.	宣伝用の**予算**が削られた。
She has won a number of **awards** for her writings.	彼女は著作物でいくつかの**賞**を取った。
He made a **reservation** at the restaurant for 7 o'clock.	彼はそのレストランに7時の**予約**をした。
There are some empty spaces in the parking **lot**.	**駐車場**には空きスペースがいくつかある。

109

Chapter 2 **Section 4** 名詞編

345 ☐☐☐
notice
[nóʊtəs]

通知；掲示；注意　動 に気が付く
☐ noticeable 形 目立つ，顕著な

346 ☐☐☐
opportunity
[ɑ̀(:)pərtjúːnəti]

機会 (≒ chance)

347 ☐☐☐
issue
[íʃuː]

問題 (点) (≒ subject, matter)；出版物　動 を発行する
▦ the latest issue of ... (雑誌など) の最新号

348 ☐☐☐
benefit
[bénɪfɪt]

利益　動 に利益を与える；利益を得る
☐ beneficial 形 有益な

349 ☐☐☐
device
[dɪváɪs]

装置

350 ☐☐☐
figure
[fígjər]

数字；人物；図
sales figures 売上高；販売数量

351 ☐☐☐
passenger
🔊 [pǽsɪndʒər]

乗客

352 ☐☐☐
reception
[rɪsépʃən]

歓迎会 (≒ party)；受け取り；受付
☐ receive 動 を受け取る
☐ receptionist 名 受付係，(ホテルの) フロント係

353 ☐☐☐
paperwork
[péɪpərwə̀ːrk]

書類事務；文書

110

I put up a <u>notice</u> about the company trip on the wall.	社内旅行の<u>お知らせ</u>を壁に掲示した。
The course provides an <u>opportunity</u> to study programming.	その講座は，プログラミングを勉強する<u>機会</u>を提供する。
They discussed safety <u>issues</u> in the workplace.	彼らは職場における安全性の<u>問題</u>について話し合った。
Regular exercise has many health <u>benefits</u>.	定期的な運動は，健康上の<u>利点</u>が多い。
The company just released a new mobile <u>device</u>.	その会社は新しいモバイル<u>機器</u>を発売したところです。
Our sales <u>figures</u> have been increasing for the last few years.	売り上げの<u>数字</u>はこの数年間に増えてきている。
All <u>passengers</u> for flight JH749, please proceed to gate 3.	フライトJH749の<u>乗客</u>の皆さまは，3番ゲートへお進みください。
You are cordially invited to the <u>reception</u> of our new exhibit.	新しい展覧会の<u>レセプション</u>にあなたを謹んでご招待いたします。
I've done all the <u>paperwork</u> for today.	今日の<u>書類事務</u>を全てやり終えた。

111

Chapter 2 **Section 4** 名詞編

354 □□□
paycheck
[péɪtʃèk]

給料(支払小切手)

355 □□□
beverage
発 [bévərɪdʒ]

飲み物

356 □□□
direction
[dərékʃən]

(-s) 道順 ； 方向 ； 指示
directions to ... …への道順

357 □□□
extension
[ɪksténʃən]

内線電話 ； 拡張
⊞ extension number 内線番号
□ extensive 形 広範囲に及ぶ

358 □□□
instrument
アク [ínstrəmənt]

道具， 器具 ； 楽器

359 □□□
landlord
[lǽndlɔ̀ːrd]

家主(⇔ tenant 賃借人)

360 □□□
tenant
アク [ténənt]

(土地・建物・部屋などの) 賃借人
(⇔ landlord 家主)

361 □□□
handout
[hǽndàʊt]

配布資料
⊞ hand out ... …を配る

362 □□□
workforce
[wə́ːrkfɔ̀ːrs]

全従業員 ； 労働人口

112

Your **paycheck** is deposited directly into your bank account.	給料は，あなたの銀行口座に直接振り込まれる。
Food and **beverages** are not allowed in the lab.	研究室では，食べ物と飲み物は禁じられています。
She needs **directions** to the post office.	彼女は郵便局への道順を教えてほしいと思っている。
If you have any questions, please call me at **extension** 512.	何か質問があれば，内線512で私に電話してください。
This dental **instrument** is used for polishing teeth.	この歯科用器具は，歯を研磨するのに使われる。
He negotiated with his **landlord** about the rent.	彼は家主と家賃について交渉した。
A new **tenant** will move into the apartment this week.	新しい賃借人が今週アパートに引っ越してくる。
She finished preparing the **handouts** for the presentation.	彼女は，プレゼンテーションのための配布資料の準備を終えた。
The firm has expanded its **workforce** by 50 percent in one year.	その会社は1年で従業員の数を50パーセント増やした。

113

Chapter 2 **Section 4** 名詞編

363 □□□
remark
[rɪmάːrk]

発言， 意見（≒ comment） **動** と言う
□ **remarkable** 形 注目に値する；優れた
□ **remarkably** 副 著しく

364 □□□
label
発 [léɪbəl]

ラベル；ブランド **動** にラベルを貼る

365 □□□
eatery
[íːtəri]

飲食店（≒ restaurant, café）

366 □□□
fuel
[fjúːəl]

燃料 **動** に燃料を供給する

367 □□□
overtime
[óʊvərtàɪm]

時間外労働
work overtime 残業する

368 □□□
situation
[sìtʃuéɪʃən]

状況

369 □□□
bargain
[bάːrɡɪn]

お買い得品；売買契約 **動** 交渉する

370 □□□
waste
[weɪst]

廃棄物；浪費 **動** を無駄にする

371 □□□
laundry
発 [lɔ́ːndri]

(集合的に)洗濯物；クリーニング店
do the laundry 洗濯をする

She made a few **remarks** about the report.	彼女はその報告書について少し**発言**をした。
The man is reading the food **label** carefully.	男性は食品**ラベル**を注意深く読んでいる。
This restaurant is a popular **eatery** among the locals.	このレストランは地元の人々に人気のある**飲食店**です。
These new cars have better **fuel** efficiency.	これらの新車は**燃**費効率がより良い。
Sorry I'm late. I had to work a little **overtime**.	遅れてすみません。少し**残業**をしなければなりませんでした。
The financial **situations** of the company are getting better.	その会社の財務**状況**は良くなっている。
There are many **bargains** at this shop.	この店には**お買い得品**がたくさんある。
The company reduced paper **waste** by 20 percent through recycling efforts.	その会社はリサイクルの取り組みを通して，紙の**廃棄物**を20パーセント削減した。
The man is holding a basket of **laundry**.	男性は**洗濯物**を入れたかごを持っている。

Chapter 2　Section 4　名詞編　形容詞編

372 □□□
manner
[mǽnər]

方法（≒ way, method）；態度
　in a ... manner …な方法で

373 □□□
shortage
発 [ʃɔ́ːrtɪdʒ]

不足

374 □□□
attitude
ア [ǽtətjùːd]

態度；姿勢

375 □□□
outlet
ア [áʊtlèt]

販売店；排出口；コンセント

376 □□□
desire
[dɪzáɪər]

願望　動 を強く望む
　desire to *do* …したいという願い
　□ desirable 形 望ましい

377 □□□
suburb
発 ア [sʌ́bəːrb]

郊外
　in the suburbs 郊外に

378 □□□
agriculture
ア [ǽgrɪkʌ̀ltʃər]

農業
　□ agricultural 形 農業の

形容詞編

379 □□□
available
発 [əvéɪləbl]

入手できる（⇔ unavailable 入手[利用]できない）；利用できる
　□ availability 名 入手[利用]の可能性

380 □□□
financial
[fənǽnʃəl]

財務の
　発 [fənǽnʃəl] と [faɪnǽnʃəl] の 2 つの発音がある。
　□ finance 名 財政　動 に融資する

116

Jane handled the complaint in a professional **manner**.	ジェーンは専門家らしいやり方でその苦情を処理した。
Due to a staff **shortage** today, our restaurant will not open until 1 P.M.	本日は人員不足のため，当レストランは午後1時まで開店しません。
She has a positive **attitude** towards work.	彼女は仕事に対して積極的な態度を示している。
The pharmacy has five retail **outlets** in Singapore.	その薬局はシンガポールに5つの小売販売店を持つ。
He has a **desire** to help the team succeed.	彼はチームの成功を助けたいという願いを持つ。
A new mall was built in the **suburbs** of the city.	新しいショッピングセンターが市の郊外に建設された。
He began his career in **agriculture** as a farm worker.	彼は農業でのキャリアを農場労働者として始めた。
The registration form for the seminar is **available** for download at our Web site.	セミナーへの登録用紙はウェブサイトでダウンロードできます。
The company fell into **financial** difficulties last year.	去年，その会社は資金難に陥った。

117

381 □□□ **potential** [pəténʃəl]	**潜在的な** 名 潜在力 potential customer 潜在顧客
382 □□□ **commercial** [kəmə́ːrʃəl]	**商業の**
383 □□□ **various** 発 アク [véəriəs]	**さまざまな** □ variety 名 多種多様；種類
384 □□□ **effective** [ɪféktɪv]	**効果的な**；(法律などが)有効である The rule becomes effective on July 1. その規則は7月1日より有効です。 □ effectively 副 効果的に；事実上 □ effectiveness 名 有効性
385 □□□ **entire** [ɪntáɪər]	**全体の**；全部そろった □ entirely 副 全く，完全に
386 □□□ **ideal** 発 アク [aɪdíːəl]	**理想的な** (≒ perfect) 名 理想 □ ideally 副 理想的に；理想を言えば
387 □□□ **legal** 発 [líːgəl]	**法律の**；合法の
388 □□□ **flexible** [fléksəbl]	**柔軟な** □ flexibility 名 柔軟性
389 □□□ **automotive** [ɔ̀ːtəmóutɪv]	**自動車の** (≒ automobile, auto)

She came up with an idea to attract **potential** customers.	彼女は<u>潜在</u>顧客を引き付けるアイデアを思い付いた。
This low-budget movie was a major **commercial** success.	その低予算の映画は<u>興行的な</u>大成功を収めた。
This carpet comes in **various** colors.	このカーペットには<u>いろいろな</u>色があります。
The advertising campaign was less **effective** than expected.	その広告キャンペーンは予想したほど<u>効果的</u>ではなかった。
Free Internet connections are available in the **entire** building.	その建物<u>全体</u>で無料インターネット接続が利用できます。
Cork Lodge is an **ideal** place to spend your vacation.	コークロッジは，休暇を過ごすのに<u>理想的な</u>場所です。
She has served as **legal** advisor to many companies.	彼女は多くの企業の<u>法律</u>顧問を務めてきた。
The company's working hours are **flexible**.	その会社の勤務時間は<u>融通が利く</u>。
Our **automotive** parts are used in vehicles worldwide.	当社の<u>自動車</u>部品は世界中で乗り物に使われている。

Chapter 2 **Section 4** 形容詞編 副詞編

---

390 ☐☐☐
opposite
形 [á(:)pəzɪt]

反対側の；正反対の 名 正反対の人 前 …の向かいに
☐ **oppose** 動 (に)反対する
☐ **opposition** 名 反対(者)；対立

---

391 ☐☐☐
separate
発 [sépərət]

別々の 動 (を)分離する
⊞ 動詞は発音が異なり，[sépərèit] となる。
☐ **separately** 副 離れて，別々に

---

392 ☐☐☐
physical
[fízɪkəl]

身体の；物理的な
☐ **physician** 名 医者，内科医

副詞編

393 ☐☐☐
unfortunately
[ʌnfɔ́ːrtʃənətli]

不運にも

---

394 ☐☐☐
immediately
[ɪmíːdiətli]

すぐに(≒ right away, at once)
☐ **immediate** 形 即時の；直近の

---

395 ☐☐☐
otherwise
[ʌ́ðərwàɪz]

違ったふうに；さもなければ；その他の点では

---

396 ☐☐☐
particularly
形 [pərtíkjulərli]

特に(≒ in particular)
☐ **particular** 形 特定の

---

397 ☐☐☐
mostly
[móʊstli]

大部分は

---

398 ☐☐☐
relatively
形 [rélətɪvli]

比較的
☐ **relative** 形 相対的な 名 親族

120

The office is on the **opposite** side of the street.	その事務所は通りの<u>反対</u>側にある。
I'll send the password for the file in a **separate** e-mail.	そのファイルのパスワードは<u>別の</u>Eメールで送ります。
We have programs to support the **physical** and mental health of employees.	当社には従業員の心<u>身の</u>健康を支援するプログラムがある。
Unfortunately, there were no tickets left for the concert.	<u>不運にも</u>，そのコンサートのチケットは残っていなかった。
I'll correct errors **immediately** and resend the report to you.	<u>すぐに</u>誤りを訂正して，あなたに報告書を再送します。
Newsletters will be sent by e-mail unless you request **otherwise**.	<u>別段に</u>要求しない限り，ニュースレターはEメールで送られます。
He is **particularly** skilled at negotiations.	彼は<u>特に</u>交渉がうまい。
Our customers are **mostly** women.	当社の顧客は<u>大部分が</u>女性です。
This restaurant is **relatively** expensive.	このレストランは<u>比較的</u>値段が高い。

Chapter 2 **Section 4** 副詞編

---

399 ☐☐☐
eventually
[ɪvéntʃuəli]

最終的に (≒ ultimately)

---

400 ☐☐☐
necessarily
🔊 [nèsəsérəli]

(否定文で) **必ずしも (…でない)**

☐ necessary 形 必要な, 必須の

122

He **eventually** found a job with a local business.

彼は最終的に地元の企業での仕事を見つけた。

Programing skills are not **necessarily** required for this job.

プログラミング能力は，この仕事に必ずしも必要なわけではない。

覚えておきたい多義語

TOEIC L&R テストでは，1つの単語のさまざまな意味が問われることがあります。Section 4で出てきた中で，特に覚えておきたい多義語，意外な意味を持つ多義語をチェックしましょう。

attend ⇨ 304 (p.100)

- **に出席する**

  I'm attending a meeting at the office tomorrow.
  （明日は事務所で会議に出席します。）

- **対応する**

  I have some urgent business to attend to.
  （私には対応しなくてはならない急な仕事がある。）

settle ⇨ 330 (p.106)

- **を解決する**

  The issue will soon be settled.
  （その問題はまもなく解決されるだろう。）

- **（仕事・場所などに）落ち着く**

  At last, she has settled into her new home.
  （やっと彼女は新居に落ち着いた。）

124

reservation ⇨ **343** (p.108)

- 予約

He made a reservation at the restaurant.
（彼はそのレストランの予約を取った。）

- 不安

I have some reservations about the merger.
（その合併にはいささか不安がある。）

outlet ⇨ **375** (p.116)

- 販売店

The pharmacy has five retail outlets in Singapore.
（その薬局はシンガポールに5つの小売販売店を持つ。）

- 排出口

The plumber closed the outlet valve.
（配管工は排出口のバルブを閉めた。）

- コンセント

The printer isn't plugged into an outlet.
（プリンターのプラグはコンセントに差し込まれていない。）

Chapter 2 600点を目指す単語
Section 5

見出し語番号 401〜500

動詞編

401 □□□
project
🔤 [prədʒékt]

を**予想する**；を投影する 　名 事業(計画)
- 名詞はアクセントの位置が変わり，[prá(:)dʒekt] となる。
- □ **projection** 名 予測；投射
- □ **projector** 名 プロジェクター

402 □□□
address
[ədrés]

(問題など)に**対処する**；に演説する；に宛名を書く
- address an audience 聴衆に演説を行う
- address an envelope 封筒に宛名を書く

403 □□□
require
[rɪkwáɪər]

を**要求する**
be required to *do* …するように義務付けられる
- □ **requirement** 名 必要なもの；必要条件

404 □□□
charge
[tʃɑːrdʒ]

に**請求する** 　名 料金
charge *A B* for *C* A に C の代金として B を請求する
- free of charge 無料で

405 □□□
found
[faʊnd]

を**設立する**(≒ establish, set up)
- □ **foundation** 名 創立；土台；根拠；基金
- □ **founder** 名 創立者

406 □□□
conduct
🔤 [kəndʌ́kt]

を**行う**(≒ carry out ...) 　名 行い
- 名詞はアクセントの位置が変わり，[ká(:)ndʌkt] となる。

407 □□□
register
🔤 [rédʒɪstər]

(を)**登録する**
register for ... …に(履修)登録をする
- □ **registration** 名 登録

408 □□□
release
[rɪlíːs]

を**発売する**(≒ launch)；を公開する 　名 発売；発表
- press release プレスリリース

126

☐ 動詞編 p.126	☐ 形容詞編 p.144
☐ 名詞編 p.136	☐ 副詞編 p.148

The company **projected** that profits will continue to increase.

その会社は利益が増え続けると<u>予想した</u>。

We should **address** the problem before it's too late.

私たちは手遅れになる前に問題に<u>対処す</u>べきだ。

All employees are **required** to wear a name badge.

全従業員が名前の入ったバッジを身に着けるよう<u>要求されて</u>（＝<u>義務付けられて</u>）いる。

That restaurant **charged** us $50 for lunch.

あのレストランは私たちに昼食代として50ドルを<u>請求した</u>。

The publishing company was **founded** 70 years ago.

その出版社は，70年前に<u>設立された</u>。

He is **conducting** market research in Australia.

彼はオーストラリアで市場調査を<u>行っている</u>。

I've **registered** for the business management course at Corder Academy.

私は，コーダーアカデミーの企業経営コースに<u>受講登録した</u>。

Our new video game will be **released** on May 10.

当社の新しいテレビゲームが5月10日に<u>発売される</u>。

127

Chapter 2 Section 5 動詞編

409 ☐☐☐
replace
[rɪpléɪs]

を**取り換える**；に取って代わる；を戻す
replace A with B A を B と取り換える
☐ replacement 名 代わりの人[物]；取り換え

410 ☐☐☐
state
[steɪt]

を**はっきり述べる**　名 状態；州
☐ statement 名 発言，声明

411 ☐☐☐
organize
[ɔ́ːrɡənàɪz]

を**計画する**；を組織化する；をきちんとまとめる
☐ organization 名 組織，団体
☐ organizer 名 組織者；世話役

412 ☐☐☐
expand
[ɪkspǽnd]

を**広げる**；広がる
☐ expansion 名 拡大，拡張

413 ☐☐☐
inform
[ɪnfɔ́ːrm]

に**知らせる**(≒ notify)
inform A of [about] B A に B を知らせる

414 ☐☐☐
notify
[nóʊtəfàɪ]

に**知らせる**(≒ inform)
notify A of B A に B を知らせる

415 ☐☐☐
finance
[fáɪnæns]

に**資金を供給する**　名 (融資される)資金；財源
※ [fáɪnæns] と [fənǽns] の 2 つの発音がある。
☐ financial 形 財政(上)の

416 ☐☐☐
exhibit
発 アクセント [ɪɡzíbət]

を**展示する**(≒ display, showcase)　名 展示会；展示品
☐ exhibitor 名 出展者
☐ exhibition 名 展示会

417 ☐☐☐
distribute
アクセント [dɪstríbjət]

を**配布する**(≒ pass out ...)
☐ distribution 名 配布；流通
☐ distributor 名 販売者[店]，配給業者

128

The old air conditioner needs to be **replaced** with a new one.	その古いエアコンは新しいものと取り換える必要がある。
Our company policy **states** that e-mail is to be used only for company business.	当社の方針は，Eメールは会社の業務でのみ使用される，と述べている。
He **organized** a fund-raising event for a charity.	彼は，チャリティーのために資金集めのイベントを計画した。
The company is planning to **expand** its business to Europe.	その会社は事業をヨーロッパへ拡大する計画をしている。
We are pleased to **inform** you of our new products.	あなたに当社の新製品についてお知らせできることをうれしく存じます。
The company **notified** its clients of its new business hours.	その会社は，顧客に新しい営業時間を知らせた。
The bank makes loans to **finance** local businesses.	その銀行は地元企業に資金を供給するために貸し付けを行う。
The gallery **exhibits** works by local female artists.	その画廊は地元の女性芸術家の作品を展示する。
I'll **distribute** handouts before the presentation.	プレゼンの前に資料を配布します。

129

Chapter 2 Section 5 動詞編

---

418 ☐☐☐
remove
[rɪmúːv]

を**取り去る**；取れる

---

419 ☐☐☐
direct
[dərékt]

(言葉など)を**向ける**；を指導する　形直接の
direct *A* to *B* A を B に向ける
発 [dərékt] と [daɪrékt] の 2 つの発音がある。
☐ **directly** 副 直接に

---

420 ☐☐☐
apologize
アク [əpá(ː)lədʒàɪz]

謝る
apologize for ... …のことを謝罪する

---

421 ☐☐☐
determine
発 [dɪtə́ːrmɪn]

(を)**決定する**；(を)決心する
☐ **determination** 名 決断，決意

---

422 ☐☐☐
refer
アク [rɪfə́ːr]

言及する；(を)参照する；を差し向ける
refer to ... …に言及する；…を参照する
☐ **reference** 名 言及；参照
☐ **referral** 名 照会；(仕事・専門医などへの)紹介

---

423 ☐☐☐
establish
アク [ɪstǽblɪʃ]

を**設立する**(≒ found)；を確立する
☐ **establishment** 名 設立；施設
☐ **established** 形 世間に認められた；確立した

---

424 ☐☐☐
exchange
発 [ɪkstʃéɪndʒ]

(を)**交換する**　名 交換
exchange *A* for *B* A を B と交換する

---

425 ☐☐☐
gain
[geɪn]

を**得る**　名 得ること；利益；増加

---

426 ☐☐☐
renew
[rɪnjúː]

(契約・資格など)を**更新する**

130

I wasn't able to _remove_ the coffee stain from the carpet.	カーペットからコーヒーの染みを<u>取る</u>ことができなかった。
Any questions about this matter should be _directed_ to your sales representative.	この件についてご質問がございましたら，お客様の営業担当者まで<u>お問い合わせ</u>ください。
I _apologize_ for the inconvenience the train delay has caused you.	電車が遅れてご迷惑をお掛けして<u>申し訳ございません</u>。
It is difficult to _determine_ where to open a new store.	どこに新店舗を開くかを<u>決める</u>のは難しい。
The speaker _referred_ to his teachers in his speech.	話し手は演説の中で自分の恩師に<u>言及した</u>。
The nonprofit organization was _established_ early last year.	その非営利団体は，昨年の初めに<u>設立された</u>。
He _exchanged_ the blue shirt for a white one.	彼は青いシャツを白いシャツと<u>交換した</u>。
This video game is _gaining_ popularity among young people.	このテレビゲームは若者の間で人気を<u>得ている</u>。
She is considering whether to _renew_ her gym membership.	彼女はジムの会員資格を<u>更新する</u>かどうか考えている。

Chapter 2 **Section 5** 動詞編

---

427 ☐☐☐
claim
[kleɪm]

(を)**要求する**；(を)主張する　名 要求；主張
⊞ 日本語の「クレームをつける」は complain。

---

428 ☐☐☐
explore
[ɪksplɔ́ːr]

(を)**探検する**；(を)探究する

---

429 ☐☐☐
reward
発 [rɪwɔ́ːrd]

に **報いる**　名 報酬，ほうび
reward *A* for *B* A に B (したこと) に対して報いる

---

430 ☐☐☐
outline
カ [áʊtlàɪn]

の **概要を述べる**　名 概要；輪郭

---

431 ☐☐☐
conclude
[kənklúːd]

を **終える**；(契約など)を結ぶ；(と)結論を出す
☐ conclusion 名 結論；結果

---

432 ☐☐☐
accomplish
[əká(ː)mplɪʃ]

を **成し遂げる**(≒ achieve)
☐ accomplished 形 熟達した

---

433 ☐☐☐
achieve
[ətʃíːv]

を **達成する**(≒ accomplish)
☐ achievement 名 成果，業績

---

434 ☐☐☐
lift
[lɪft]

を **持ち上げる**；上がる　名 持ち上げること

---

435 ☐☐☐
commute
[kəmjúːt]

通勤[通学]する
☐ commuter 名 通勤者

132

You can **claim** expenses for business trips.	あなたは出張経費を<u>請求する</u>ことができます。
Come visit and **explore** this beautiful island!	この美しい島を訪れて<u>探検し</u>よう！
The company **rewards** its employees for their excellent performance.	その会社は，優れた業績を挙げた社員に<u>報いる</u>。
Mr. Colgan will **outline** the schedule of this project.	コルガン氏がこのプロジェクトの日程の<u>概要を説明します</u>。
Mr. Green **concluded** his presentation at 5:40 P.M.	グリーン氏はプレゼンテーションを午後5時40分に<u>終えた</u>。
We **accomplished** the purpose of increasing brand awareness.	当社はブランドの知名度を高めるという目的を<u>達成した</u>。
We all worked hard to **achieve** the sales goal.	販売目標を<u>達成する</u>ために，みんなが懸命に働いた。
She **lifted** the heavy box onto the table.	彼女はその重い箱を<u>持ち上げ</u>てテーブルの上に乗せた。
He **commutes** to work by bus every day.	彼は毎日バスで<u>通勤します</u>。

133

Chapter 2　Section 5　動詞編

---

436 ☐☐☐
subscribe
[səbskráɪb]

予約購読する
subscribe to ... …を(予約)購読する
☐ **subscriber** 名 定期購読者；加入者
☐ **subscription** 名 予約購読

---

437 ☐☐☐
analyze
[ǽnəlàɪz]

を分析する
☐ **analysis** 名 分析
☐ **analyst** 名 分析者，アナリスト

---

438 ☐☐☐
admire
[ədmáɪər]

に敬服する
admire A for B A の B に敬服する

---

439 ☐☐☐
divide
[dɪváɪd]

を分ける；分かれる
divide A among [between] B A を B の間で分ける

---

440 ☐☐☐
observe
[əbzɚ́:rv]

を観察する；に気付く
☐ **observation** 名 観察(結果)

---

441 ☐☐☐
retain
[rɪtéɪn]

を持ち続ける，を保つ

---

442 ☐☐☐
concentrate
アク [ká(:)nsəntrèɪt]

(を)集中する
concentrate on ... …に集中する
☐ **concentration** 名 集中，専念

---

443 ☐☐☐
disclose
[dɪsklóʊz]

を公開する；を暴露する
disclose A to B B に A を公開する

---

444 ☐☐☐
invent
アク [ɪnvént]

を発明する
☐ **invention** 名 発明(品)，考案(品)

134

Please **subscribe** to our newsletter to keep up with the latest tech news.	最新のテクノロジーのニュースに遅れずについて行くために，当社のニュースレターを<u>購読して</u>ください。
We are **analyzing** the market to find potential customers.	私たちは，潜在的な顧客を見つけるために市場を<u>分析している</u>。
I **admire** him <u>for</u> his ability to work well with others.	彼の他の人たちとうまくやっていく能力に<u>敬服する</u>。
The work was **divided** among three members.	その仕事はメンバー3人の間で<u>分担された</u>。
Our quality control manager **observed** the process of production at the factory.	当社の品質管理責任者が，工場で生産工程を<u>観察した</u>。
It's not easy for companies to **retain** talented employees.	企業が才能ある従業員を<u>とどめておく</u>のは簡単ではない。
The sales manager decided to **concentrate** <u>on</u> online advertising.	営業部長はオンライン広告に<u>集中する</u>と決めた。
No personal information will be **disclosed** <u>to</u> third parties.	個人情報が第三者に<u>公開される</u>ことはありません。
Dr. Plunkett **invented** many groundbreaking medical devices.	プランケット博士は，多くの画期的な医療機器を<u>発明した</u>。

135

Chapter 2 Section 5 　動詞編　名詞編

445 ☐☐☐
overcome
㋐ [òʊvərkʌ́m]

(困難など)を**克服する**

446 ☐☐☐
pave
[peɪv]

を**舗装する**
☐ **pavement** 名 舗装道路
☐ **repave** 動 を再舗装する

447 ☐☐☐
recall
㋐ [rɪkɔ́ːl]

(不良品など)を**回収する**　名 (欠陥商品の)回収

448 ☐☐☐
resign
�発 [rɪzáɪn]

(を)**辞職する** (≒ quit)

449 ☐☐☐
admit
[ədmít]

を[に]**認める**
☐ **admission** 名 入場(許可)

名詞編

450 ☐☐☐
experiment
[ɪkspérɪmənt]

実験　動 実験をする

451 ☐☐☐
update
㋐ [ʌ́pdèɪt]

最新情報；最新版　動 を最新のものにする
⊞ 動詞はアクセントの位置が変わり，[ʌ̀pdéɪt] となる。
☐ **up-to-date** 形 最新(式)の

452 ☐☐☐
account
[əkáʊnt]

口座；アカウント　動 占める
☐ **accountable** 形 責任がある；説明できる

453 ☐☐☐
article
[áːrtɪkl]

記事，論文；品物

The retailer managed to **overcome** financial difficulties.	その小売店はなんとか資金難を乗り越えた。
Construction workers are **paving** a road.	建設作業員が道を舗装している。
The manufacturer **recalled** the product for safety reasons.	製造業者は安全性の理由でその製品を回収した。
Ms. Lee **resigned** her position as chief executive officer.	リーさんは最高経営責任者の職を退いた。
Only ticket-holders will be **admitted** into the theater.	チケット所有者のみが劇場への入場を認められる。
Laboratory workers conducted an interesting **experiment** on plants.	実験室の研究者たちは植物に興味深い実験を行った。
The app displays real-time weather **updates** for your location.	そのアプリは，あなたがいる場所の最新の気象情報をリアルタイムで表示する。
She has opened a savings **account** with Keith Bank.	彼女はキース銀行に預金口座を作った。
According to the newspaper **article**, the unemployment rate went down slightly in June.	新聞記事によると，6月に失業率がわずかに下がった。

Chapter 2 Section 5 名詞編

---

454 ☐☐☐
firm
[fə:*r*m]

会社 (≒ company, corporation, enterprise)
形 (物・土台などが) 安定した

---

455 ☐☐☐
production
[prədʌkʃən]

生産 (量) ；製作物
☐ product 名 製品，商品
☐ productivity 名 生産性

---

456 ☐☐☐
colleague
🔊 [ká(:)liːg]

同僚 (≒ coworker)

---

457 ☐☐☐
facility
[fəsíləti]

施設，設備

---

458 ☐☐☐
transportation
[trænspərtéɪʃən]

輸送 (機関)
public transportation 公共交通機関
☐ transport 動 を運ぶ 名 輸送 (機関)

---

459 ☐☐☐
invoice
🔊 [ínvɔɪs]

請求書 (≒ bill) ；送り状

---

460 ☐☐☐
chair
[tʃeər]

議長 動 の議長を務める
☐ chairperson 名 (会社などの) 会長

---

461 ☐☐☐
branch
[bræntʃ]

支店 ；枝
⊞ branch office 支店

---

462 ☐☐☐
identification
[aɪdèn*t*ɪfɪkéɪʃən]

身分証明 (書) ；同一と認められること
photo identification 写真付きの身分証明書

138

My former boss runs a consulting **firm** in London.	私の前の上司は，ロンドンでコンサルティング会社を経営している。
The company increased **production** of its popular line of smartphones.	その会社は，スマートフォンの人気があるシリーズの生産量を増やした。
He had a late lunch with some of his **colleagues**.	彼は同僚の数人と遅めの昼食を取った。
All members have full access to our sports **facilities**.	全ての会員は当スポーツ施設を制限なく利用できる。
She uses public **transportation** to commute to work.	彼女は通勤に公共交通機関を使う。
We sent you an **invoice** for your magazine subscription.	雑誌の定期購読の請求書をあなたに送りました。
Jones is the **chair** of the board of directors for the company.	ジョーンズはその会社の取締役会の議長だ。
The bank has decided to open a new **branch** in Paris.	その銀行はパリに新支店を開設すると決めた。
Please bring your photo **identification** to pick up your membership card.	会員カードの受け取りには，写真付きの身分証明書を持ってきてください。

Chapter 2　Section 5　名詞編

---

463 ☐☐☐
profit
[prá(:)fət]

利益(⇔ loss 損失)　動 利益を得る
☐ profitable 形 利益になる，もうかる

---

464 ☐☐☐
appliance
[əplárəns]

電化製品；器具

---

465 ☐☐☐
résumé
[rézəmèɪ]

履歴書(≒ CV)
‡ スペルの似た resume [rɪzjúːm] 動「(を)再開する」と
混同しないように注意。

---

466 ☐☐☐
expert
[ékspəːrt]

熟達者，専門家(≒ professional)

---

467 ☐☐☐
headquarters
[hédkwɔ̀ːrtərz]

本社(≒ head office, home office)；本部
‡ 文によっては単数扱い，複数扱いのどちらをすること
もある。
‡ be headquartered in ... …に本社を置いている

---

468 ☐☐☐
duty
[djúːti]

職務；義務；税金
‡ on duty 勤務時間中で

---

469 ☐☐☐
insurance
[ɪnʃʊ́ərəns]

保険

---

470 ☐☐☐
accountant
[əkáʊntənt]

会計士，経理担当者

---

471 ☐☐☐
status
[stéɪtəs]

状況
‡ [stéɪtəs] と [stǽtəs] の 2 つの発音がある。

140

Our company made record **profits** last year.	当社は去年，記録的な<u>利益</u>を上げた。
The store sells a wide range of **appliances**, from fridges to ovens and microwaves.	その店は，冷蔵庫からオーブンや電子レンジまで幅広い<u>電化製品</u>を売る。
To apply for this position, please send your **résumé** and cover letter to us.	この職に応募するには，<u>履歴書</u>と添え状を当社に送ってください。
She's an **expert** on using social media to gather information.	彼女はソーシャルメディアを使った情報収集の<u>名人</u>だ。
The company is moving its **headquarters** to Boston next year.	その会社は来年，<u>本社</u>をボストンに移転する。
Her main **duty** is to teach online courses.	彼女の主な<u>職務</u>は，オンライン講座を教えることです。
I have **insurance** on my smartphone.	私はスマートフォンに<u>保険</u>を掛けている。
John has worked as an **accountant** for over 10 years.	ジョンは<u>会計士</u>として10年以上働いている。
How do I check the **status** of my order?	どうやって私の注文の<u>状況</u>をチェックするのですか。

141

Chapter 2　Section 5　名詞編

---

472 ☐☐☐
regulation
[règjuléɪʃən]

規則
☐ regulate 動 を規制する

---

473 ☐☐☐
factor
[fǽktər]

要素，要因（≒ element）

---

474 ☐☐☐
patience
発 [péɪʃəns]

忍耐
☐ patient 形 忍耐強い　名 患者

---

475 ☐☐☐
judge
発 [dʒʌ́dʒ]

審査員；裁判官　動 を判断する

---

476 ☐☐☐
priority
[praɪɔ́(:)rəti]

優先(事項)

---

477 ☐☐☐
destination
[dèstɪnéɪʃən]

目的地，行き先

---

478 ☐☐☐
labor
[léɪbər]

(集合的に)**労働者**，労働

---

479 ☐☐☐
profession
[prəféʃən]

職業（≒ occupation）
☐ professional 形 プロの；職業の　名 専門家

---

480 ☐☐☐
reputation
[règpjutéɪʃən]

評判
reputation for ... …による評判

142

The company has strict safety **regulations** to protect its employees.	その会社には従業員を守るための厳しい安全規則がある。
There are several **factors** to consider when choosing your office location.	事務所の場所を選ぶときに,考慮すべきいくつかの要素がある。
Thank you for your **patience** and understanding.	ご辛抱とご理解をいただき,ありがとうございます。
Three chefs will act as **judges** for the cooking contest.	3人のシェフが料理コンテストで審査員役を務める。
Our first **priority** is to win the confidence of customers.	当社の最優先事項は,お客様の信頼を得ることです。
The village is a popular tourist **destination** with beautiful natural scenery.	その村は美しい自然の景色がある人気の観光地です。
The company increased the price, due to rising **labor** costs.	上昇する人件費のため,その会社は値上げをした。
You should choose a **profession** that matches your skills.	あなたのスキルに合った職業を選ぶべきだ。
We have a **reputation** for producing high-quality goods.	当社は高品質の商品を生産することで評判を得ている。

143

Chapter 2　Section 5　名詞編　形容詞編

481 ☐☐☐
cargo
[ká:*r*goʊ]

積み荷 (≒ freight)

---

482 ☐☐☐
crack
[kræk]

ひび 動 ひびが入る；割れる

---

483 ☐☐☐
caution
発 [kɔ́:ʃən]

注意；警告 動 に警告を与える
with caution 注意して
☐ **cautious** 形 用心深い

形容詞編

484 ☐☐☐
previous
発 [prí:viəs]

以前の
previous year 前年

---

485 ☐☐☐
delighted
[dɪláɪtɪd]

喜んで
be delighted with ... …を喜んでいる
☐ **delight** 動 を大喜びさせる 名 大喜び

---

486 ☐☐☐
enthusiastic
[ɪnθjùː:ziǽstɪk]

熱心な (≒ passionate)；熱狂的な
be enthusiastic about ... …に熱心である
☐ **enthusiast** 名 熱中している人，熱狂者

---

487 ☐☐☐
prior
発 [práɪə*r*]

前の (≒ earlier, previous)
▦ prior to ... …より前に

---

488 ☐☐☐
significant
ア [sɪgnífɪkənt]

かなりの；重要な
☐ **significance** 名 重要性

---

489 ☐☐☐
aware
[əwéə*r*]

意識して，気付いて
Please be aware that ... …にご留意ください
▦ *be* aware of ... …に気付いている
☐ **awareness** 名 気付いていること

They are unloading **cargo** from the plane.	彼らは積み荷を飛行機から降ろしているところだ。
When he opened the box, he noticed a **crack** in the coffee mug.	彼が箱を開けたとき，コーヒー用マグカップにひびが入っていることに気付いた。
All survey data should be treated with **caution**.	調査データは全て注意して扱われるべきだ。
The total sales increased by 7 percent from the **previous** year.	売上総額は去年から7パーセント増えた。
The customer was **delighted** with our new service.	その顧客は当社の新しいサービスに喜んでいました。
Sarah is **enthusiastic** about the joint venture.	サラはその共同事業に熱中している。
I am unable to attend the party as I have a **prior** engagement.	私は先約があるのでパーティーに出席できません。
The company saw a **significant** drop in sales last month.	その会社では先月，売り上げが大きく落ち込んだ。
Please be **aware** that the elevator is currently out of service for maintenance.	保守整備のため現在エレベーターが運転休止中であることにご留意ください。

Chapter 2 **Section 5** 形容詞編

---

490 ☐☐☐
enormous
[ɪnɔ́ːrməs]

巨大な，莫大な (≒ huge)

---

491 ☐☐☐
inexpensive
[ìnɪkspénsɪv]

(値段が)安い (⇔ expensive 値段が高い)

---

492 ☐☐☐
common
[ká(ː)mən]

共通の；普通の

⊞ in common 共通の，共通して

---

493 ☐☐☐
accurate
発 [ǽkjərət]

正確な (≒ precise) (⇔ inaccurate 不正確な)；(計器などが)精密な

☐ accuracy 名 正確さ；精密さ
☐ accurately 副 正確に(は)

---

494 ☐☐☐
overhead
[óʊvərhèd]

頭上の；諸経費の 名 間接費

---

495 ☐☐☐
proper
[prá(ː)pər]

適切な

☐ properly 副 適切に

---

496 ☐☐☐
rapid
[rǽpɪd]

速い (≒ fast, quick)

☐ rapidly 副 速く

---

497 ☐☐☐
steep
[stiːp]

(坂などが)急な

---

498 ☐☐☐
obvious
発 [á(ː)bviəs]

明らかな

146

The new building is absolutely **enormous**.	新しいビルはものすごく<u>巨大</u>だ。
We offer **inexpensive** but high-quality headphones.	当社は<u>低価格</u>だが高品質なヘッドフォンを提供します。
All team members are working towards a **common** goal.	チームのメンバー全員が<u>共通の</u>目標に向けて努力している。
All figures in the annual report are **accurate**.	その年次報告書の数字は全て<u>正確</u>です。
She put her bag in the **overhead** compartment on the plane.	彼女は機内でバッグを<u>頭上の</u>荷物入れに入れた。
A fitness trainer demonstrated the **proper** use of exercise equipment.	フィットネスの指導者が運動器具の<u>適切な</u>使い方を実演した。
The company is experiencing **rapid** growth.	その会社は<u>急</u>成長している。
The mountain road is **steep** in places.	その山道は所々<u>急勾配</u>だ。
The benefits of Internet marketing are **obvious**.	インターネットによるマーケティングの利点は<u>明らか</u>だ。

Chapter 2 Section 5　形容詞編　副詞編

---

499 ☐☐☐
reluctant
[rɪlʌ́ktənt]

気が進まない
be reluctant to *do* …するのに気が進まない，渋々…
する

副詞編

500 ☐☐☐
currently
[kə́:rəntli]

現在
☐ current 形 現在の

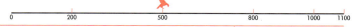

He was **reluctant** to accept the position.	彼は，渋々その地位を引き受けた。
The library is **currently** closed for renovation.	図書館は現在改装のため閉館している。

■■ 覚えておきたい多義語

TOEIC L&R テストでは，1つの単語のさまざまな意味が問われることがあります。Section 5 で出てきた中で，特に覚えておきたい多義語，意外な意味を持つ多義語をチェックしましょう。

address ⇨ **402** (p.126)

▪ **(問題など)に 対処する**

We should <u>address</u> the problem before it's too late.
(私たちは手遅れになる前に問題に<u>対処す</u>べきだ。)

▪ **に 演説する**

Cathy is used to <u>addressing</u> an audience.
(キャシーは聴衆に<u>演説を行う</u>のに慣れている。)

▪ **に 宛名を書く**

He <u>addressed</u> the package to Mark Smith.
(彼は小包にマーク・スミスさんの<u>宛名を書いた</u>。)

refer ⇨ **422** (p.130)

▪ 言及する

The speaker referred to his teachers in his speech.

（話し手は演説の中で自分の恩師に言及した。）

▪ (を)参照する

Please refer to the attached documents for details.

（詳細については添付書類をご覧ください。）

▪ を差し向ける

Please refer all inquiries to John.

（全ての問い合わせはジョンに回してください。）

---

article ⇨ **453** (p.136)

▪ 記事

According to the news article, the unemployment rate went down.

（ニュース記事によると，失業率が下がった。）

▪ 品物

The shop sells various household articles.

（その店はさまざまな家庭用品を売る。）

151

Column
似た意味を持つ単語の使い分け

ここまでは，レベルや品詞別にさまざまな単語を覚えてきましたが，違った切り口で，似た意味を持つ単語をまとめて覚えるのもまた効率的です。このとき，意味が共通する部分・違う部分もきちんと整理しておきましょう。

いろいろな「商品」	
goods	商品，品物
merchandise	(集合的に)商品
product	(大量生産された)生産物，製品
item	(商品・製品などの)品目，品物
produce	(野菜や果物など)農産物
dairy	(バターやチーズなど)乳製品
order	注文品
purchase	購入品
return	返品商品
shipment	発送品

order「注文品」は item「品物」であり，店が扱う goods「商品」でもあるので，言い換えに使われることがあります。

produce，order，purchase，return などは動詞として覚えている人は多いですが，それぞれ名詞の意味も押さえておきましょう。

goods は"売るために作られたもの"なので household goods
「家財道具」，車や家具などの durable goods「耐久消費財」の
ように使われることもあります。

いろいろな「客」	
customer	(店などの)顧客
client	(専門家に助言などのサービスを求める)依頼人，顧客
guest	(ホテルの)客，(催しの)招待客
passenger	(電車・バス・飛行機・タクシー・船などの)乗客
diner	食事をする客
patron	(店・レストラン・ホテルの)常連客
audience	(演説や公演などの)観客
spectator	(催しや試合などの)観客
visitor	訪問者，来客
consumer	消費者

customer は"商品やサービスを購入する客"なので，顧客・
買い手・取引先・お得意様など広く使えるため，多くの語の
言い換えになります。
また，passenger が出てきたら何かの乗り物の案内，diner
が出てきたらレストランを想像するなど，使い分けを知るこ
とで場面を想像しやすくなります。

153

154

Chapter 3

730点を目指す単語

Section 6 156

Section 7 182

Section 8 208

Chapter 3 730点を目指す単語
Section 6

見出し語番号 501〜600

動詞編

501 □□□
showcase
[ʃóukèɪs]

を**展示する**(≒ exhibit)　名**展示；ショーケース**

---

502 □□□
convince
[kənvíns]

を**納得させる**
convince *A* to *do* A を説得して…させる
□ **convinced** 形 **確信して**
□ **convincing** 形 **説得力のある**

---

503 □□□
cater
[kéɪtər]

に**料理を提供する**；(要求などに)**応じる**
□ **caterer** 名 **仕出し業者**

---

504 □□□
enclose
[ɪnklóʊz]

を**同封する**；を**囲む**

---

505 □□□
highlight
[háɪlàɪt]

を**強調する**，を**目立たせる**　名**最重要事項，呼び物**

---

506 □□□
regard
[rɪgάːrd]

を**見なす**(≒ consider)　名**尊敬；点**
be regarded as ... …と見なされる
▪ in this regard この点について
□ **regarding** 前 …について

---

507 □□□
transfer
🔴 [trænsfə́ːr]

を**移動させる**；**移動する**　名**移動**
be transferred to ... …に転勤になる；…に移送される
▪ 名詞はアクセントの位置が変わり，[trǽnsfər] となる。

---

508 □□□
prohibit
[prouhíbət]

を**禁止する**
prohibit *A* from *doing* A が…することを禁止する

📖 動詞編 p.156	📖 形容詞編 p.172
📖 名詞編 p.164	📖 前置詞編 p.178

The trade fair **showcases** the latest technologies for industrial robots.

その見本市では，産業ロボットの最新技術を**展示する**。

I **convinced** the shop owner **to** carry our silverware.

店主を**説得して**当社の銀食器を店に置いて**もらった**。

Sunville Kitchen **catered** our office party.

サンビル・キッチンが私達の職場のパーティーに**料理を提供**した。

We have **enclosed** a self-addressed stamped envelope.

宛先を記入して切手を貼った返信用封筒を**同封しました**。

The speaker **highlighted** the importance of safety training.

話し手は，安全研修の重要性を**強調した**。

This novel is **regarded** as her most accomplished work.

この小説は，彼女の最も優れた作品だと**見なされている**。

She was **transferred** to an office in Singapore.

彼女はシンガポールの事務所に**転勤**になった。

You are **prohibited from** using social media for personal use during work hours.

あなたは勤務時間中に私用でソーシャルメディアを使うことを**禁止されている**。

157

Chapter 3　Section 6　動詞編

509 ☐☐☐
suspend
㉑ [səspénd]

を**一時停止する**；をつり下げる

---

510 ☐☐☐
demonstrate
㉑ [démənstrèit]

を**実演する**；を明らかに示す
☐ demonstration 名 実物宣伝，実演

---

511 ☐☐☐
purchase
発 [pə́ːrtʃəs]

を**購入する**（≒ buy）　名 購入（品）

---

512 ☐☐☐
indicate
[índɪkèit]

を**示す**（≒ point to ...）

---

513 ☐☐☐
feature
発 [fíːtʃər]

を**呼び物にする**　名 特徴；呼び物

---

514 ☐☐☐
mention
[ménʃən]

について**言及する**

---

515 ☐☐☐
locate
㉑ [lóʊkeit]

を**置く**（≒ situate）；の場所を突き止める
be located in ... …に位置する

---

516 ☐☐☐
present
㉑ [prɪzént]

を**発表する**；を贈る；を提示する　名 現在
形 現在の；出席している
▪ 名詞・形容詞はアクセントの位置が変わり，[prézənt] となる。
☐ presentation 名 提示；プレゼンテーション
☐ presenter 名 講演者；(賞の)贈呈者

---

517 ☐☐☐
confirm
[kənfə́ːrm]

を**確かめる**
☐ confirmation 名 確認（書）

158

The project was **suspended** because of a lack of funding.	資金不足のため，そのプロジェクトは中断した。
The sales representative **demonstrated** how to use the new software.	販売員は新しいソフトウェアの使い方を実際にやってみせた。
He **purchased** a few books from the online store.	彼はそのオンラインショップで数冊の本を購入した。
The graph **indicates** our sales volume declined by 5 percent over the last year.	そのグラフは, この1年の間に当社の販売量が5パーセント減少したことを示す。
This exhibition **features** paintings by local artists.	この展覧会は地元の芸術家たちによる絵画を呼び物にする。
Jack **mentioned** that you were moving to a new apartment.	あなたは新しいアパートに引っ越すのだとジャックが言っていた。
Our headquarters are **located** in Houston, Texas.	当社の本社はテキサス州ヒューストンに位置している。
He will **present** his proposal at the board meeting tomorrow.	彼は, 明日の取締役会で自分の提案を発表する。
This e-mail is to **confirm** your reservation for a single room from 6 July to 8 July.	このメールは, あなたの7月6日から7月8日のシングルルームのご予約を確認するものです。

Chapter 3 Section 6 動詞編

---

518 ☐☐☐
fund
[fʌnd]

に**資金を供給する** 名 資金
‖ raise funds for ... …のために基金を集める
☐ **funding** 名 資金

---

519 ☐☐☐
extend
[ɪksténd]

を**延ばす**；伸びる
‖ an extended warranty （期間の）延長［（担保範囲の）拡張］保証
☐ **extent** 名 範囲，程度

---

520 ☐☐☐
participate
発 アク [pɑːrtísɪpèɪt]

参加する
participate in ... …に参加する
☐ **participation** 名 参加
☐ **participant** 名 参加者

---

521 ☐☐☐
imply
発 アク [ɪmplái]

を**暗示する**，をほのめかす（≒ suggest,
indicate）
☐ **implication** 名 言外の意味，暗示

---

522 ☐☐☐
promote
アク [prəmóʊt]

を**販売促進する**；を昇進させる
☐ **promotion** 名 （販売）促進；昇進
☐ **promotional** 形 販売を促進する；昇進の

---

523 ☐☐☐
manufacture
発 [mæ̀njufǽktʃər]

を**製造する** 名 製造（品）
☐ **manufacturer** 名 製造会社，メーカー

---

524 ☐☐☐
launch
発 [lɔːntʃ]

（を）**始める**；を売り出す 名 開始；発売開始
‖ launch date 発売日

---

525 ☐☐☐
accommodate
[əká(ː)mədèɪt]

を**収容できる**；（要求など）を受け入れる
☐ **accommodating** 形 親切な

---

526 ☐☐☐
depart
[dɪpáːrt]

（を）**出発する**（≒ leave）（⇔ arrive （に）到着する）
depart for ... …へ出発する
☐ **departure** 名 出発

160

The research project is **funded** by the city government.	その研究事業は，市が<u>資金を出している</u>。
Business hours were **extended** until 8 P.M. on weekdays.	平日の業務時間は午後8時までに<u>延長されました</u>。
Hundreds of citizens **participated** in a clean-up event at the beach.	何百人もの市民が，ビーチの清掃イベントに<u>参加した</u>。
His words **implied** that he would accept the job offer.	彼の言葉は，彼がその仕事の依頼を引き受けることを<u>暗に示した</u>。
We started an ad campaign to **promote** the new product.	私たちは，新製品の<u>販売促進</u>のために広告キャンペーンを開始した。
This firm **manufactures** high quality women's clothing.	この会社は高品質の婦人服を<u>製造する</u>。
The company **launched** an advertising campaign for the new perfume.	その会社は新しい香水の広告キャンペーンを<u>始めた</u>。
The conference room can **accommodate** 50 people.	その会議室は50人<u>収容できる</u>。
The express train **departs** at 9:30 P.M. for Manchester.	急行列車は午後9時30分にマンチェスターに向けて<u>出発する</u>。

161

Chapter 3　Section 6　動詞編

527 □□□
proceed
[prəsíːd]

進む

proceed to ... …へ進む

528 □□□
examine
[ɪgzǽmɪn]

を調べる

529 □□□
generate
[dʒénərèɪt]

を生み出す

530 □□□
ensure
[ɪnʃʊ́ər]

を確実にする

531 □□□
consult
アク [kənsʌ́lt]

(に)助言を求める；(辞書など)を調べる

consult with ... …に相談する
□ consultant 名 コンサルタント，相談役
□ consultation 名 相談，協議

532 □□□
oversee
[òʊvərsíː]

を監督する；を見渡す

533 □□□
minimize
[mínɪmàɪz]

を最小限にする(⇔ maximize を最大限にする)

534 □□□
disturb
[dɪstə́ːrb]

の邪魔をする(≒ interrupt)

535 □□□
weigh
発 [weɪ]

の重さがある；の重さを量る
□ weight 名 重さ

162

All passengers for Paris should <u>proceed</u> <u>to</u> gate 12 for boarding.	パリへ向かう乗客の皆さまは搭乗のために12番ゲート<u>へお進み</u>ください。
A man is <u>examining</u> a pair of glasses.	男性は，眼鏡を<u>念入りに調べている</u>。
Tourism <u>generates</u> profits of over $50 million a year.	観光事業は年間5千万ドルを超える収益を<u>生み出している</u>。
The company has to <u>ensure</u> the safety of its employees.	会社は従業員の安全を<u>確保し</u>なければならない。
He <u>consulted</u> <u>with</u> a lawyer before signing the contract.	彼は契約書にサインする前に弁護士に<u>助言を求めた</u>。
Adam, a regional manager, <u>oversees</u> ten stores in this area.	地域担当部長のアダムは，この地域にある10店舗を<u>監督する</u>。
We need to <u>minimize</u> our overall costs.	私たちは全体的なコストを<u>最小限にする</u>必要がある。
Please be careful not to <u>disturb</u> other residents in the apartment.	アパートの他の居住者に<u>迷惑を掛け</u>ないよう注意してください。
The package <u>weighs</u> over 20 kilograms.	その荷物は20kg を超える<u>重さがある</u>。

Chapter 3　Section 6　動詞編　名詞編

536 □□□
investigate
[ɪnvéstɪgèɪt]

を**調査する**
□ investigation 名 調査，捜査

537 □□□
strengthen
[stréŋkθən]

を**強くする**；強くなる
□ strength 名 力，強さ

538 □□□
delete
[dɪlíːt]

を**削除する**

539 □□□
volunteer
[vὰ(ː)ləntíər]

進んで申し出る　名 志願者
volunteer to *do* …しようと進んで申し出る

540 □□□
deserve
[dɪzə́ːrv]

に**値する**

541 □□□
assume
[əsjúːm]

を**想定する**；(役目など)を引き受ける

542 □□□
decorate
[dékərèɪt]

を**飾る**
decorate *A* with *B* A を B で飾る

名詞編

543 □□□
payroll
[péɪròʊl]

給料支払名簿
▪ on the payroll 雇用されて

544 □□□
aisle
[aɪl]

(棚・座席間の)通路
▪ aisle seat 通路側の席

164

They are _investigating_ the cause of the machine failure.	彼らは機械故障の原因を<u>調査している</u>ところだ。
The firm hopes to _strengthen_ ties with the local community.	その会社は，地域社会との関係を<u>強化する</u>ことを望んでいる。
I _deleted_ the file by mistake.	間違えてそのファイルを<u>削除した</u>。
Several people _volunteered_ to help clean the park.	何人かの人が公園掃除を手伝う<u>と進んで申し出た</u>。
All employees _deserve_ praise for their hard work.	全従業員は，懸命に働くため称賛に<u>値する</u>。
I _assume_ that the new product will sell well.	私はその新製品はよく売れると<u>想定している</u>。
The entrance of the café is _decorated_ with plants.	カフェの入り口は植物で<u>飾られている</u>。
The company added many employees to its _payroll_.	その会社は多くの従業員を<u>給与支払名簿</u>に加えた。
Canned tomatoes are in _aisle_ three.	缶詰のトマトは3番<u>通路</u>にあります。

Chapter 3 **Section 6** 名詞編

---

545 ☐☐☐
plumber
発 [plʌ́mər]

配管工

---

546 ☐☐☐
wage
[weɪdʒ]

賃金 (≒ salary)

---

547 ☐☐☐
refreshment
[rɪfréʃmənt]

(-s) 軽い飲食物

---

548 ☐☐☐
overview
[óʊvərvjùː]

概観 (≒ outline)

---

549 ☐☐☐
luncheon
[lʌ́ntʃən]

昼食会

---

550 ☐☐☐
architect
発 ア [áːrkɪtèkt]

建築家
☐ architecture 名 建築 (様式)

---

551 ☐☐☐
anniversary
[æ̀nɪvə́ːrsəri]

…周年；記念日

---

552 ☐☐☐
contract
ア [ká(ː)ntrækt]

契約(書) 動 (を)契約する
⊞ 動詞はアクセントの位置が変わり，[kəntrǽkt] となる。
☐ contractor 名 請負業者

---

553 ☐☐☐
means
[miːnz]

手段，方法 (≒ method, way)
⊞ 文によっては単数扱い，複数扱いのどちらをすることもある。
⊞ by means of ... …(の手段)によって

166

The plumber shut off the water supply to the faucet.	配管工は蛇口への水の供給を止めた。
The factory employs 100 workers at an average wage of $12 per hour.	その工場は時給12ドルの平均賃金で労働者100人を雇用する。
Refreshments will be served after the workshop.	研修会の後で軽い飲食物が出ます。
First, I'll give you an overview of the housing market.	最初に，住宅市場の概要を述べます。
Andy is organizing a staff luncheon for March 2.	アンディがスタッフの昼食会を3月2日に計画している。
The museum was designed by a famous architect.	その博物館は有名な建築家が設計した。
ZacToys will celebrate its 50th anniversary next Monday.	ザックトイズは来週月曜日に50周年を祝います。
The sales contract was signed last Friday.	その販売契約書は先週の金曜日に署名された。
The Internet is an important means of obtaining information.	インターネットは情報を得るための重要な手段だ。

Chapter 3　Section 6　名詞編

554 ☐☐☐
material
[mətíəriəl]

材料；資料；物質　形 物質的な

---

555 ☐☐☐
property
[prá(:)pərti]

不動産，財産

---

556 ☐☐☐
applicant
アク [ǽplɪkənt]

応募者
■ job applicant 求職者

---

557 ☐☐☐
candidate
アク [kǽndɪdèɪt]

候補者
candidate for ... …の候補者

---

558 ☐☐☐
resident
[rézɪdənt]

居住者
☐ residence 名 住宅
☐ residential 形 居住の

---

559 ☐☐☐
procedure
発 アク [prəsíːdʒər]

手順；手続き

---

560 ☐☐☐
strategy
アク [strǽtədʒi]

戦略（≒ tactic）
☐ strategic 形 戦略の

---

561 ☐☐☐
renovation
[rènəvéɪʃən]

改装；修復
☐ renovate 動 を改装する

---

562 ☐☐☐
proceeds
[próʊsiːdz]

収入（≒ profit）

We are a supplier of building **materials** such as cement and steel.	当社はセメントや鋼鉄など建築資材の供給業者だ。
The real estate agency specializes in **property** sales in Madrid.	その不動産業者は，マドリードの不動産の売却を専門に扱う。
He interviewed three **applicants** for a sales position.	彼は営業職の応募者3人と面接した。
The ideal **candidate** for the job has strong problem solving skills.	その仕事の理想的な候補者は，高い問題解決能力を持っている人です。
The new factory will create jobs for local **residents**.	新しい工場は地元住民の雇用を創出するだろう。
She explained the **procedure** for booking meeting rooms.	彼女は会議室を予約する手順を説明した。
We planned a **strategy** to enter overseas markets.	私たちは，海外市場に参入するための戦略を立てた。
The **renovation** of this city hall is almost finished.	市役所の改装は，ほとんど終わっている。
All the **proceeds** from the concert go to a charity.	そのコンサートの収益は全て慈善団体へ贈られます。

Chapter 3　Section 6　名詞編

563 ☐☐☐
statistics
[stətístɪks]

統計；統計学
▪ statistic は「統計値」。
☐ **statistical** 形 統計(学)の

564 ☐☐☐
amenity
[əmíːnəti]

(-ies)**生活を快適にする設備**；アメニティー

565 ☐☐☐
management
[mǽnɪdʒmənt]

(集合的に)**経営陣**；経営, 管理
☐ **manage** 動 を経営する
☐ **managerial** 形 経営(者)の

566 ☐☐☐
inventory
[ínvəntɔ̀ːri]

在庫品，在庫品一覧表
▪ take (an) inventory 在庫調べをする

567 ☐☐☐
council
[káʊnsəl]

地方議会；評議会

568 ☐☐☐
structure
[strʌ́ktʃər]

建造物(≒ building)；**構造**；**体制**

569 ☐☐☐
asset
[ǽsèt]

財産
・ asset to ... …にとっての財産

570 ☐☐☐
recipient
[rɪsípiənt]

受取人
☐ **receive** 動 を受け取る

571 ☐☐☐
workload
[wə́ːrklòʊd]

仕事量

170

According to the latest **statistics**, the economy is recovering.	最新の統計によると経済は回復している。
The hotel has many **amenities**, such as an indoor pool, a spa, and a restaurant.	そのホテルは，室内プール，スパ，レストランなどの設備がたくさんあります。
The **management** offered a 3 percent pay raise during union negotiations.	組合交渉中に，経営陣は3パーセントの昇給を申し出た。
We have the largest **inventory** of used cars in the country.	当社は国内で最大の中古車の在庫量を持つ。
The city **council** decided to ban smoking in public places.	市議会は公共の場所での喫煙禁止を決定した。
The tower is one of the highest **structures** in the world.	そのタワーは世界で最も高い建造物の1つです。
His experience and knowledge are a valuable **asset** to the company.	彼の経験と知識は会社にとっての貴重な財産だ。
This year's **recipient** of the award was announced.	その賞の今年の受賞者が発表された。
The **workload** of our team has increased recently.	最近，私たちのチームの仕事量が増えてきた。

171

Chapter 3　Section 6　名詞編　形容詞編

572 □□□
spectator
🄰 [spékteɪtər]

見物人，観客

573 □□□
coverage
🄱 [kʌ́vərɪdʒ]

報道；保険の補償範囲
press coverage マスコミ報道
▦ insurance coverage 保険の補償範囲

574 □□□
outcome
🄰 [áʊtkʌ̀m]

結果

575 □□□
politics
🄰 [pá(ː)lətɪks]

政治（活動）；政治学
□ political 形 政治の

576 □□□
landmark
[lǽndmàːrk]

（陸上の）目印；画期的な出来事

577 □□□
element
[élɪmənt]

要素

578 □□□
scenery
[síːnəri]

風景
□ scene 名 場面，シーン

形容詞編

579 □□□
household
[háʊshòʊld]

家庭用の　名 世帯

580 □□□
routine
🄱 🄰 [ruːtíːn]

いつもの　名 決まってすること，日課

172

The festival attracted more than 5,000 spectators.	そのお祭りは5千を超える見物人を集めた。
The tennis tournament received more press coverage than ever before.	そのテニスのトーナメントは，かつてないほどのマスコミ報道を受けた。
He correctly predicted the outcome of the election.	彼は選挙結果を言い当てた。
The mayor decided to retire from politics.	市長は政治活動から退くことを決めた。
That church tower is a landmark.	あの教会の塔は目印である。
There is an element of risk in investing in the stock market.	株式市場への投資には危険な要素がある。
The beautiful scenery attracts many tourists to this area.	美しい風景が多くの旅行者をこの地域に引きつける。
We manufacture household appliances such as irons and washing machines.	当社はアイロンや洗濯機のような家電製品を製造する。
Our Web site will be down for routine maintenance this weekend.	当社のウェブサイトはいつも行われているメンテナンスのため今週末に稼働停止します。

Chapter 3　Section 6　形容詞編

---

581 ☐☐☐
dairy
発 [déəri]

乳製品の 名 乳製品
dairy product 乳製品

---

582 ☐☐☐
confident
ア [ká(:)nfɪdənt]

確信している；自信がある
☐ **confidence** 名 自信
☐ **confidently** 副 自信を持って

---

583 ☐☐☐
due
[djuː]

期限のきた；当然与えられるべき　名 会費
∷ due to ... …が原因で
∷ due date 締め切り日，満期日
☐ **overdue** 形 期限が過ぎた

---

584 ☐☐☐
annual
[ǽnjuəl]

年 1 回の
☐ **annually** 副 年 1 回

---

585 ☐☐☐
retail
ア [ríːteɪl]

小売りの(⇔ wholesale 卸売りの)
∷ retail price 小売価格
☐ **retailer** 名 小売業者

---

586 ☐☐☐
wholesale
ア [hóʊlsèɪl]

卸売りの(⇔ retail 小売りの)　名 卸(売)
∷ wholesale price 卸売価格

---

587 ☐☐☐
competitive
[kəmpétətɪv]

他に負けない，競争力のある
∷ at competitive prices 他より安い価格で
☐ **compete** 動 競争する

---

588 ☐☐☐
surrounding
[səráʊndɪŋ]

周囲の　名 (-s) 環境；周囲(の状況)
☐ **surround** 動 を囲む

---

589 ☐☐☐
practical
[prǽktɪkəl]

実用的な，実際の
☐ **practically** 副 実質的に

174

Support our local economy by choosing **dairy** products from local farmers!	地元農家の<u>乳製品</u>を選んで，地元経済を応援しよう！
We are **confident** that our profits will increase next year.	私たちは会社の利益が来年増えると<u>確信している</u>。
Sales reports are **due** on the 10th of each month.	売上報告書は毎月10日が提出<u>期限</u>になっています。
This year's **annual** meeting of shareholders is coming up.	今年の<u>年次</u>株主総会が近づいている。
The company opened three **retail** shops in France.	その企業は，フランスに3つの<u>小売</u>店を開いた。
He regularly negotiates prices with **wholesale** suppliers.	彼は定期的に<u>卸売</u>業者たちと価格交渉をする。
The company offers **competitive** salaries and benefits packages.	その会社は<u>他に負けない</u>給料と福利厚生を提供する。
The hiking trail offers beautiful views of the **surrounding** area.	そのハイキングコースでは，<u>周辺</u>地域の美しい景色が見られる。
He gave me **practical** advice on how to write a résumé.	彼は履歴書の書き方について<u>実用的な</u>アドバイスをくれた。

175

Chapter 3　Section 6　形容詞編

---

590 ☐☐☐
editorial
[èdɪtɔ́:riəl]

論説の；編集の　名 社説，論説
☐ edit 動 (本など)を編集する
☐ editor 名 編集者

---

591 ☐☐☐
eager
[í:gər]

切望して；熱心な
be eager to do しきりに…したがっている

---

592 ☐☐☐
handy
[hǽndi]

手元にある(≒ on hand)；役立つ；扱いやすい

---

593 ☐☐☐
stable
[stéɪbl]

安定した(⇔ unstable 不安定な)
☐ stability 名 安定性
☐ stabilize 動 を安定させる

---

594 ☐☐☐
strict
[strɪkt]

厳しい
☐ strictly 副 厳しく

---

595 ☐☐☐
capable
発 [kéɪpəbl]

能力がある；有能な
be capable of ... …の能力がある
☐ capability 名 能力

---

596 ☐☐☐
in-depth
[ìndépθ]

徹底的な(≒ thorough, complete)
☐ depth 名 深さ；奥行き

---

597 ☐☐☐
qualified
[kwɑ́(:)lɪfàɪd]

資格のある；適任の
☐ qualify 動 に資格を与える
☐ qualification 名 資格

---

598 ☐☐☐
ordinary
アク [ɔ́:rdənèri]

普通の；並の
☐ ordinarily 副 通常，たいてい

176

Carol is an **editorial** writer for the newspaper.	キャロルはその新聞の<u>論説</u>委員だ。
We're **eager** to hear what the public thinks about the new product.	私たちは，一般の人々が新製品についてどう思っているかを<u>大変</u>知り<u>たい</u>。
Before you call us, please keep your order number **handy**.	電話を下さる前に，注文番号を<u>お手元</u>にご用意ください。
The company has been financially **stable** for years.	その会社は何年もの間，財政的に<u>安定している</u>。
We have to follow **strict** rules and regulations.	私たちは<u>厳しい</u>規則と規定に従わなければならない。
The plant is **capable** of producing 300,000 cars per year.	その工場は年30万台の車を生産する<u>能力がある</u>。
We had an **in-depth** discussion on the issue.	私たちはその問題について<u>徹底的な</u>議論をした。
All our staff are **qualified** computer technicians.	当社のスタッフ全員が<u>資格を持つ</u>コンピューター技術者です。
The novelist said he wanted to write about **ordinary** people.	その小説家は，<u>普通の</u>人々について書きたいと述べた。

Chapter 3 Section 6 形容詞編 前置詞編

599 □□□
ongoing
[á(ː)ngòuɪŋ]

進行している

前置詞編

600 □□□
via
発 [váɪə]

…によって；…を経由して
■ [váɪə] と [víːə] の 2 つの発音がある。

	800 1000 1100
Plastic waste is an **ongoing** problem.	プラスチック廃棄物は<u>進行中の</u>問題だ。
I sent you some files **via** e-mail.	あなたにいくつかのファイルをメール<u>で</u>送りました。

覚えておきたい多義語

TOEIC L&Rテストでは，1つの単語のさまざまな意味が問われることがあります。Section 6で出てきた中で，特に覚えておきたい多義語, 意外な意味を持つ多義語をチェックしましょう。

present ⇨ 516 (p.158)

- を発表する

  He will present his proposal at the board meeting.
  (彼は取締役会で自分の提案を発表する。)

- を贈る

  I'm pleased to present this award to you.
  (あなたにこの賞を贈呈できてうれしく存じます。)

- を提示する

  Please present your ticket at the entrance gate.
  (入場門でチケットを提示してください。)

- 現在

  At present, he's working on an electric car design.
  (現在，彼は電気自動車の設計に取り組んでいる。)

- 出席している

  Jim and I will be present at the meeting.
  (ジムと私が会議に出席します。)

promote ⇨ **522** (p.160)

▪ を販売促進する

We started an ad campaign to <u>promote</u> the new product.

（私たちは新製品の<u>販売促進</u>のために広告キャンペーンを開始した。）

▪ を昇進させる

David was <u>promoted</u> to regional manager.

（ディビッドは地域担当マネージャーに<u>昇進した</u>。）

Chapter 3 730点を目指す単語
Section 7

見出し語番号 601〜700

動詞編

601 ☐☐☐
dock
[dɑ(:)k]

(船)を**埠頭につける**　图波止場，埠頭

---

602 ☐☐☐
invest
[ɪnvést]

(を)**投資する**
invest in ... …に投資する
☐ **investment** 图投資（金）
☐ **investor** 图投資家

---

603 ☐☐☐
appeal
[əpíːl]

興味をそそる；懇願する　图懇願，訴え；魅力
appeal to ... …(の心)に訴える

---

604 ☐☐☐
estimate
発 [éstɪmèɪt]

を**見積もる**　图見積もり（額，書）
be estimated to *do* …と推定される
▪ 名詞は発音が異なり，[éstɪmət] となる。
▪ estimate for ... …の見積もり

---

605 ☐☐☐
express
[ɪksprés]

を**表現する**　形急行の

---

606 ☐☐☐
propose
[prəpóʊz]

を**提案する**
☐ **proposal** 图提案（書）

---

607 ☐☐☐
dedicate
アク [dédɪkèɪt]

を**ささげる**（≒ devote）
be dedicated to ... …に専念する

---

608 ☐☐☐
commit
[kəmít]

を**委ねる**
be committed to ... …に全力を傾ける；…を約束する
☐ **commitment** 图約束；献身
☐ **commission** 图歩合；委託；委員会

182

| | 動詞編 p.182 | 形容詞編 p.198 |
| | 名詞編 p.190 | 副詞編 p.202 |

The cruise ship is **docked** for repairs.

クルーズ船は修理のために埋頭につけられている。

We've **invested** heavily **in** developing new technologies.

当社は新技術の開発に多額の投資をしてきた。

This free mobile app will **appeal** to younger consumers.

この無料アプリは，若い消費者の興味を引くだろう。

Construction of the factory is **estimated** to cost $20 million.

その工場の建設には, 2,000万ドルの費用が掛かると推定される。

He **expressed** his interest in buying the land property.

彼はその不動産の購入に興味を示した。

Lily **proposed** a plan to increase productivity.

リリーは生産性を高めるための計画を提案した。

The nonprofit organization is **dedicated** to protecting wildlife habitat.

その非営利組織は野生動物の生息地の保護に専念している。

We're **committed** to delivering excellent service to our customers.

私たちは，お客様に素晴らしいサービスを届けることに全力を傾けます。

Chapter 3　Section 7　動詞編

609 ☐☐☐
enroll
[ɪnróul]

(名前)を**登録する**，入会する
enroll in ... …に登録する
☐ **enrollment** 名 入学(者数)；登録(者数)

610 ☐☐☐
interrupt
発 アク [ìntərʌ́pt]

(の)**邪魔をする**；(を)中断する
☐ **interruption** 名 邪魔；中断

611 ☐☐☐
revise
[rɪváɪz]

を**改訂する**
☐ **revision** 名 改訂(版)

612 ☐☐☐
negotiate
発 [nɪɡóuʃièɪt]

(を)**交渉する**
☐ **negotiation** 名 交渉

613 ☐☐☐
combine
[kəmbáɪn]

を**結合させる**(≒ merge, unite)；結合する
combine A with B A を B と結合する
☐ **combination** 名 結合(体)，組み合わせ

614 ☐☐☐
relocate
[rì:lóukeɪt]

を**移転させる**；移転する
☐ **relocation** 名 再配置；移転

615 ☐☐☐
assemble
[əsémbl]

を**組み立てる**；を集める
☐ **assembly** 名 組み立て；集会

616 ☐☐☐
predict
アク [prɪdíkt]

と**予測する**，を予言する
☐ **prediction** 名 予言，予測
☐ **predictable** 形 予測可能な

617 ☐☐☐
emphasize
[émfəsàɪz]

を**強調する**，を重要視する(≒ stress, highlight)
☐ **emphasis** 名 強調，重要視

184

She **enrolled** in a training course on presentation skills.	彼女はプレゼンテーション技能の研修講座に<u>登録した</u>。
Sorry to **interrupt**, but you have a call from Mr. Miller.	<u>お邪魔して</u>すみませんが，ミラー様からお電話です。
The publisher will print a **revised** edition of the book.	出版社はその本の<u>改訂</u>版を印刷する。
We have **negotiated** a new deal with our supplier.	当社は納入業者と新しい取引の<u>交渉を行ってきた</u>。
This discount cannot be **combined** with other discount offers.	この割引は他の割引と<u>結合</u>(＝<u>併用</u>)できません。
The city is planning to **relocate** the water treatment plant.	その市は，浄水場を<u>移転させる</u>計画を立てている。
The plant has production lines to **assemble** motorcycles.	その工場は，オートバイを<u>組み立てる</u>生産ラインを持つ。
The professor **predicts** that the economy will recover in the near future.	その教授は，近い将来に経済は回復すると<u>予想している</u>。
Experts **emphasize** the importance of eating a balanced diet.	専門家たちはバランスの取れた食事を取る重要性を<u>強調する</u>。

Chapter 3　Section 7　動詞編

618 ☐☐☐
enhance
[ɪnhǽns]

を**高める**，を強化する
☐ enhancement 名 強化，増強，増大

619 ☐☐☐
restore
[rɪstɔ́ːr]

を**修復する**；を元の状態に戻す
☐ restoration 名 修復，復元；復旧

620 ☐☐☐
assess
[əsés]

を**評価する**（≒ evaluate）

621 ☐☐☐
inspire
⚡ [ɪnspáɪər]

(に)**インスピレーションを与える**；(を)
鼓舞する
☐ inspiration 名 インスピレーション，ひらめき

622 ☐☐☐
motivate
発 [móʊtəvèɪt]

に**やる気を起こさせる**
motivate *A* to *do* A に…する気を起こさせる
☐ motivation 名 動機付け

623 ☐☐☐
pursue
⚡ [pərsjúː]

を**追求する**

624 ☐☐☐
sustain
⚡ [səstéɪn]

を**持続する**；(傷・損失など)を受ける
☐ sustainable 形 持続可能な

625 ☐☐☐
reject
⚡ [rɪdʒékt]

を**拒否する**（≒ refuse）
☐ rejection 名 拒絶；却下

626 ☐☐☐
reveal
[rɪvíːl]

(秘密など)を**明らかにする**（≒ disclose）

186

Mr. Murphy's new book **enhanced** his reputation as a writer.	マーフィ氏の新刊が作家としての彼の評判を高めた。
The historic building was **restored** after the fire.	その歴史的建造物は火事の後修復された。
Our advisors help clients to **assess** new business ideas.	当社のアドバイザーは，顧客が新事業のアイデアを評価する手助けをします。
The book was **inspired** by her experiences in Egypt.	その本は彼女のエジプトでの経験にインスピレーションを受けて書かれた。
It's important to **motivate** your staff to work harder.	スタッフにより懸命に働く気を起こさせることは重要だ。
She is **pursuing** a career as an accountant.	彼女は会計士としてのキャリアを追求している。
The tourist industry will **sustain** its growth in the coming years.	観光産業は今後何年も成長を維持するだろう。
He has to decide whether to accept or **reject** the job offer.	彼は仕事の申し出を受けるか拒否するかを決めねばならない。
City officials **revealed** a plan to build bike lanes along Park Street.	市の職員は，公園通りに沿って自転車専用道路を建設する計画を明らかにした。

187

Chapter 3　Section 7　動詞編

---

627 ☐☐☐
accompany
[əkʌ́mpəni]

に**同行する**；に伴う

---

628 ☐☐☐
fulfill
⑰ [fʊlfíl]

(要求・目的など)を**満たす**；(義務・約束など)を
果たす

---

629 ☐☐☐
grab
[grǽb]

を**(急に)つかむ**

---

630 ☐☐☐
prevent
⑰ [prɪvént]

(を)**妨げる**；を防ぐ
prevent *A* **from** *doing* A が…するのを妨げる

---

631 ☐☐☐
withdraw
⑰ [wɪðdrɔ́ː]

を**引き出す**；を引っ込める；引き下がる
☐ **withdrawal** 名 引っ込めること

---

632 ☐☐☐
depict
[dɪpíkt]

を**描く**(≒ describe, portray)

---

633 ☐☐☐
struggle
[strʌ́gl]

もがく，**奮闘する**　名 もがき；争い
struggle to *do* …しようと奮闘する
⊞ **struggle with ...** …に取り組む；…に奮闘する

---

634 ☐☐☐
withstand
[wɪðstǽnd]

(に)**耐える**，(に)持ちこたえる

---

635 ☐☐☐
wipe
[wáɪp]

(を)**拭く**

Children under 12 must be **accompanied** by an adult in the pool.	プールでは，12歳未満の子供には大人が付き添わなければなりません。
I'm afraid that I can't **fulfill** your request.	残念ながら，あなたのご要望に応えられません。
Color photos **grab** more attention than black and white ones.	色を付けた写真の方が白黒のものよりも注目を集める。
The heavy rain **prevented** the open-air concert from taking place.	大雨のため野外コンサートは開催できなかった。
He **withdrew** £500 from his bank account.	彼は銀行口座から500ポンド引き出した。
This painting **depicts** a scene of rural life.	この絵は田園生活の一場面を描いている。
Our team is **struggling** to meet deadlines.	私たちのチームは締め切りに間に合わせようと奮闘している。
These keyboards are made to **withstand** heavy use.	これらのキーボードは頻繁な利用に耐えるように作られている。
He is **wiping** his glasses with a cloth.	彼は眼鏡を布で拭いている。

Chapter 3 **Section 7** 動詞編 名詞編

636 □□□
undergo
[Àndərgóu]

(変化・検査・治療など)を**受ける**；を経験する

637 □□□
air
[eər]

放送される；を放送する 形 空気の

638 □□□
comply
[kəmplái]

(要求・命令・規則などに)従う
comply with ... …に従う
□ **compliance** 名 (要求・命令・規則などの)順守；コンプライアンス

名詞編

639 □□□
theme
[θíːm]

主題，テーマ

640 □□□
credit
[krédət]

功績；信用 動 に功績があると思う；を信じる
give A credit for B B を A の手柄[功績]だとする

641 □□□
conflict
[ká(ː)nflìkt]

衝突；争い 動 衝突する；争う
scheduling conflict スケジュールがかち合うこと
※ 動詞はアクセントの位置が変わり，[kənflíkt] となる。

642 □□□
transaction
[trænsǽkʃən]

取引；業務処理

643 □□□
warranty
[wɔ́(ː)rənti]

保証(書) (≒ guarantee)
※ under warranty 保証期間中で

644 □□□
instruction
[ɪnstrʌ́kʃən]

指示；(-s) 使用説明書
□ **instruct** 動 に指示する
□ **instructor** 名 講師

190

This building is currently **undergoing** renovation.	この建物は今，改修<u>されているところだ。
The company's radio advertisement started to **air**.	その会社のラジオ広告は，<u>放送され</u>始めた。
Our company **complies** with all safety regulations.	当社は全ての安全規則に<u>従う</u>。
The poem's **theme** is the ups and downs of life.	その詩の<u>主題</u>は人生の浮き沈みです。
Jeff **gave** his team **credit** for the success of the project.	ジェフは，プロジェクトの成功はチームの<u>手柄</u>だとした。
Due to a scheduling **conflict**, I rescheduled my dentist appointment.	<u>スケジュールがかち合ったこと</u>で，歯医者の予約を変更した。
The card company charges a processing fee for each **transaction**.	そのカード会社は，<u>取引</u>ごとに手数料を取る。
This projector comes with a three-year **warranty**.	このプロジェクターには，3年<u>保証</u>が付いてくる。
He gave me **instructions** on how to upload pictures to our Web site.	彼は写真をウェブサイトにアップロードする方法について私に<u>指示</u>を与えた。

Chapter 3　Section 7　名詞編

---

645 ☐☐☐
produce
[próudjuːs]

(集合的に)**農産物** 動 を生産する
produce section 青果売り場
▪ 動詞はアクセントの位置が変わり，[prədjúːs] となる。

---

646 ☐☐☐
merchandise
[mə́ːrtʃəndàɪz]

(集合的に)**商品**(≒ goods, item)

---

647 ☐☐☐
ingredient
[ɪŋgríːdiənt]

(料理などの)**材料**；成分

---

648 ☐☐☐
competitor
[kəmpétətər]

競争相手(≒ rival)
☐ compete 動 競争する
☐ competition 名 競争；競争相手

---

649 ☐☐☐
draft
[dræft]

草稿，下書き

---

650 ☐☐☐
revenue
[révənjùː]

収入，歳入

---

651 ☐☐☐
minute
[mínət]

(the -s)**議事録**
take the minutes 議事録を取る

---

652 ☐☐☐
supervisor
[súːpərvàɪzər]

監督者，管理者
☐ supervise 動 を監督する

---

653 ☐☐☐
representative
[rèprɪzéntətɪv]

担当者，代表者
sales representative 営業担当者
▪ customer service representative 顧客サービス担当者
☐ represent 動 を表す；を代表する

He worked in the produce section of a grocery store.	彼は食料品店の青果売り場で働いていた。
Merchandise is arranged on shelves against the walls.	商品は壁際の棚に並べられている。
This sauce contains many different ingredients.	このソースは，数多くのいろいろな材料を含んでいる。
We are ahead of our competitors in terms of market share.	市場占有率では，当社は競争相手に勝っている。
Have you had a chance to look at the draft of my proposal?	私の提案書の草稿を見る機会はありましたか。
The company generated total revenues of about $2 million.	その会社は約200万ドルの総収益を挙げた。
I'll take the minutes at the next committee meeting.	私が次回の委員会で議事録を取ります。
You should speak with your supervisor about your concerns.	あなたの懸念事項について監督者と話をするべきだ。
Please contact our sales representative for details.	詳細については，当社の営業担当者に連絡してください。

Chapter 3　Section 7　名詞編

654 ☐☐☐
description
[dɪskrípʃən]

説明(書)；記述
☐ **describe** 動 を描写する；を述べる

655 ☐☐☐
promotion
[prəmóuʃən]

昇進；販売促進
promotion to ... …への昇進
☐ **promote** 動 を昇進させる
☐ **promotional** 形 昇進の；販売促進の

656 ☐☐☐
venue
[vénjuː]

会場，開催地
venue for ... …の会場[開催地]

657 ☐☐☐
complex
[ká(ː)mplèks]

複合施設　形 複雑な；複合の
∷ 形容詞はアクセントの位置が変わり，[kà(ː)mpléks] となる。

658 ☐☐☐
progress
⚡ [prá(ː)grəs]

前進，進行　動 前進する
∷ 動詞はアクセントの位置が変わり，[prəgrés] となる。
☐ **progressive** 形 前進する；進歩的な
☐ **progressively** 副 次第に

659 ☐☐☐
row
[rou]

列；横列
∷ in a row 連続して；1 列に

660 ☐☐☐
nutrition
[njutríʃən]

栄養
☐ **nutritious** 形 栄養価が高い
☐ **nutritional** 形 栄養の

661 ☐☐☐
transition
[trænzíʃən]

移り変わり，推移
☐ **transit** 名 通過；運送

662 ☐☐☐
content
⚡ [ká(ː)ntent]

内容；満足　形 満足して
∷ 形容詞はアクセントの位置が変わり，[kəntént] となる。

194

Recently, he has been busy writing some product **descriptions**.	最近，彼は商品の<u>説明</u>を書くのに忙しい。
She got a **promotion** to senior manager.	彼女は，主任部長<u>への昇進</u>を手にした。
We need to find and book a **venue** for the concert.	私たちはコンサートの<u>会場</u>を見つけて予約する必要がある。
The new **complex** has movie theaters, shops, and restaurants.	その新しい<u>複合施設</u>は，映画館や店舗，レストランを持つ。
We are making **progress** towards our sales goals.	私たちは販売目標に向けて<u>前進</u>している。
Nobody is sitting in the front **row**.	最前<u>列</u>には誰も座っていない。
She regularly presents seminars on **nutrition** and exercise.	彼女は定期的に<u>栄養</u>と運動についてのセミナーを開きます。
The **transition** to a new computer system went smoothly.	新しいコンピューターシステムへの<u>移行</u>は，予定通りに運んだ。
This title describes the **content** of his presentation well.	このタイトルは，彼のプレゼン<u>内容</u>をうまく述べている。

195

Chapter 3　Section 7　名詞編

663 ☐☐☐ **relief** [rɪlíːf]	**安心感**；(心配・苦痛などの)軽減 ▪ That's a relief. ほっとしました。 ☐ **relieve** 動 (苦痛など)を取り除く；を安心させる
664 ☐☐☐ **reminder** [rɪmáɪndər]	**思い出させるもの**，催促状 ☐ **remind** 動 に思い出させる
665 ☐☐☐ **remainder** [rɪméɪndər]	**残り** ☐ **remain** 動 残る；とどまる
666 ☐☐☐ **surface** 発 アク [sə́ːrfəs]	**表面**
667 ☐☐☐ **species** 発 [spíːʃiːz]	**(分類上の)種**；種類 ▪ 単複同形。
668 ☐☐☐ **characteristic** アク [kæ̀rəktərístɪk]	**特性**，特徴　形 特徴的な
669 ☐☐☐ **pedestrian** アク [pədéstriən]	**歩行者**
670 ☐☐☐ **vacancy** 発 [véɪkənsi]	**(職などの)空席**；空室 ☐ **vacant** 形 空の，入っていない
671 ☐☐☐ **intersection** [ìntərsékʃən]	**交差点**

196

He felt **relief** after submitting the report on time.	彼はその報告書を時間通りに提出して<u>安心</u>した。
This e-mail is a **reminder** that tomorrow's meeting starts at 10 A.M.	このメールは，明日の会議が午前10時開始であることを<u>お知らせするもの</u>です。
Rain is expected for the **remainder** of the week.	今週の<u>残りの期間</u>は雨が予想される。
The machine should be set on a flat **surface**.	その機械は平らな<u>表面</u>(=<u>所</u>)に設置しなければならない。
This **species** of bird is found only in this forest.	この<u>種</u>の鳥はこの森でしか見られません。
He has all the **characteristics** of a great leader.	彼は素晴らしいリーダーの<u>特性</u>を全て持っている。
Several **pedestrians** are crossing the street.	数人の<u>歩行者</u>が通りを横断している。
We have two **vacancies** for the position of sales consultant.	当社は販売コンサルタントの職に2席<u>欠員</u>がある。
Please turn left at that **intersection**.	その<u>交差点</u>を左に曲がってください。

Chapter 3　Section 7　名詞編　　形容詞編

672 □□□
congestion
[kəndʒéstʃən]

混雑, 密集
traffic congestion 交通渋滞

673 □□□
journal
[dʒə́:rnəl]

(専門的な)定期刊行物

674 □□□
output
[áʊtpʊ̀t]

生産(高) (≒ production)

675 □□□
circumstance
[sə́:rkəmstæns]

状況

676 □□□
bulk
[bʌlk]

大きいこと
in bulk 大量に
▪ bulk order 大量注文

形容詞編

677 □□□
efficient
[ɪfíʃənt]

効率的な
□ efficiency 名 効率

678 □□□
general
[dʒénərəl]

一般的な ; 全体的な
▪ in general 一般に
▪ general manager 総支配人 ; 本部長
□ generally 副 一般に

679 □□□
outstanding
[àʊtstǽndɪŋ]

目立った ; 未払いの

680 □□□
appropriate
発 [əpróʊpriət]

適切な (⇔ inappropriate 不適切な)
be appropriate for ... …にふさわしい
□ appropriately 副 適切に

198

This road was built to reduce traffic **congestion** in the city center.	この道路は，市の中心部の交通渋滞を減らすために建設された。
She published an article in a trade **journal**.	彼女は業界の定期刊行物（＝誌）で論文を発表した。
Output at this factory fell in March.	この工場での生産高は3月に下がった。
In the present **circumstances**, I have to cancel the meeting.	現在の状況では，会議を中止せざるを得ない。
Are there any discounts for buying in **bulk**?	大量購入すると何か割引はありますか。
The heating system in this building is **efficient** in energy use.	このビルの暖房システムはエネルギー効率が良い。
The hotel will be closed to the **general** public during the major conference.	その大規模な会議の間，一般の人はホテルを利用できません。
Ms. Smith was recognized for her **outstanding** performance in sales.	スミスさんは目立った販売成績により表彰された。
In general, a black or dark gray suit is **appropriate** for a job interview.	一般に黒か濃い灰色のスーツが仕事の面接に適切だ。

Chapter 3 Section 7 形容詞編

681 □□□
durable
[djúərəbl]

耐久性のある
□ durability 名 耐久性

682 □□□
domestic
[dəméstɪk]

国内の (⇔ international 国際的な) ; 家庭の

683 □□□
electronic
発 [ɪlèktrá(:)nɪk]

電子の ; 電子工学の
□ electronically 副 電子的に
□ electronics 名 電子機器 ; 電子工学

684 □□□
multiple
[mʌ́ltɪpl]

多数の

685 □□□
unique
発 [juní:k]

ただ 1 つしかない ; 独特な

686 □□□
steady
発 [stédi]

着実な ; しっかりした
□ steadily 副 着実に

687 □□□
sufficient
発 [səfíʃənt]

(量などが)十分な (⇔ insufficient 不十分な)
□ sufficiently 副 十分に

688 □□□
excessive
[ɪksésɪv]

過度の (⇔ moderate 適度な)
□ excess 名 過度，超過(分)

689 □□□
internal
発 [ɪntə́:rnəl]

内部の (⇔ external 外部の)

200

These new boots are more **durable** than the old ones.	これらの新しいブーツは古いものよりも<u>丈夫</u>だ。
I have to transfer from an international flight to a **domestic** flight in Sydney.	私はシドニーで国際線から<u>国内</u>線へ乗り換えねばならない。
I'll send you an **electronic** file of the manual.	取扱説明書の<u>電子</u>ファイルを送ります。
There are **multiple** reasons for the popularity of the book.	その本の人気には<u>多くの</u>理由がある。
This event provides a **unique** opportunity to connect with business leaders.	このイベントは，実業界のリーダーたちとつながりを持つ<u>またとない</u>機会です。
The company has been making **steady** progress.	その会社は<u>着実な</u>進歩を続けてきている。
The restaurant staff has **sufficient** knowledge about the menu.	レストランのスタッフは出される料理について<u>十分な</u>知識を持っている。
Excessive exercise can cause health problems.	<u>過度の</u>運動は健康問題を引き起こすことがある。
One third of **internal** staff is involved in developing medical equipment.	3分の1の<u>社内</u>スタッフは，医療機器の開発に従事している。

201

Chapter 3　Section 7　形容詞編　副詞編

690 □□□
mechanical
[mɪkǽnɪkəl]

機械の
- mechanical engineer 機械技師
- □ mechanic 名 機械(修理)工，整備士

691 □□□
nationwide
[nèɪʃənwáɪd]

全国的な 副 全国的に

692 □□□
anxious
[ǽŋkʃəs]

心配して；切望して
be anxious about ... …のことを心配している
- *be* anxious to *do* …することを切望している

693 □□□
last-minute
[lǽstmínət]

直前の，間際の

694 □□□
luxurious
㊋ [lʌɡʒúriəs]

豪華な；ぜいたくな

副詞編

695 □□□
promptly
[prá(:)mptli]

即座に(≒ quickly, immediately)
- □ prompt 形 即座の

696 □□□
approximately
[əprá(:)ksɪmətli]

おおよそ(≒ roughly, about)
- □ approximate 形 おおよその，概算の

697 □□□
absolutely
[ǽbsəljùːtli]

完全に
- 会話で Absolutely. と言うときは「その通り」という意味となる。
- □ absolute 形 完全な；絶対の

698 □□□
moreover
㊪ ㊋ [mɔːróʊvər]

その上，さらに(≒ further, furthermore, besides)

202

Due to a mechanical problem, the train left the station 20 minutes behind schedule.	機械的なトラブルのため，その電車は20分遅れで駅を出発した。
NeoPopFashion is a nationwide clothing chain with 32 stores.	ネオポップファッションは，32の店舗を持つ全国的な衣料品チェーンだ。
Most employees were anxious about the merger.	ほとんどの従業員はその合併が心配だった。
Sorry for the last-minute notice, but today's meeting was canceled.	直前の知らせですみませんが，今日の会議は中止になりました。
The hotel is known for its luxurious interior.	そのホテルは豪華なインテリアで知られている。
We have to deal with this problem promptly.	私たちはすぐにこの問題に取り組まなければならない。
His plane will be landing in approximately 30 minutes.	彼が乗った飛行機はあと約30分で着陸する。
You're absolutely right in saying that we need to improve our services.	私たちのサービスを改善する必要がある，とあなたが言うのは，全くその通りです。
This shirt is too expensive and, moreover, it's out of fashion.	このシャツは高価過ぎるし，その上流行遅れだ。

Chapter 3　Section 7　副詞編

---

699 ☐☐☐
slightly
[sláɪtli]

わずかに
☐ slight 形 わずかな

---

700 ☐☐☐
temporarily
アク [tèmpərérəli]

一時的に
☐ temporary 形 一時的な

September's sales were **slightly** below the average.	9月の売り上げは平均を<u>わずかに</u>下回った。
Due to the parade, this road will be **temporarily** closed.	パレードのため，この道路は<u>一時的に</u>閉鎖されます。

■ 覚えておきたい多義語

TOEIC L&R テストでは，1つの単語のさまざまな意味が問われることがあります。Section 7で出てきた中で，特に覚えておきたい多義語，意外な意味を持つ多義語をチェックしましょう。

- -

sustain ⇨ 624 (p.186)

- **を持続する**

The tourist industry will sustain its growth.
（観光産業は成長を維持するだろう。）

- **(傷・損失など)を受ける**

The house sustained damage due to the storm.
（嵐のせいでその家は損害を受けた。）

- -

produce ⇨ 645 (p.192)

- **農産物**

He worked in the produce section of a grocery store.
（彼は食料品店の青果売り場で働いていた。）

- **を生産する**

The manufacturer is now producing electric cars.
（その製造会社は今，電気自動車を生産している。）

content ⇨ **662** (p.194)

- 内容

This title describes the content of his book well.
(このタイトルは, 彼の本の内容をうまく述べている。)

- 満足して

Mr. Gomez is content with his present job.
(ゴメス氏は現在の仕事に満足している。)

outstanding ⇨ **679** (p.198)

- 目立った

She was recognized for her outstanding performance in sales.
(彼女は目立った販売成績により表彰された。)

- 未払いの

As of today, this invoice is still outstanding.
(今日現在, この請求書はまだ未払いです。)

anxious ⇨ **692** (p.202)

- 心配して

Most employees were anxious about the merger.
(ほとんどの従業員はその合併が心配だった。)

- 切望して

The company is anxious to increase its profit.
(その会社は利益を増やすことを切望している。)

207

Chapter 3 730点を目指す単語
Section 8

見出し語番号 701〜800

動詞編

701 ☐☐☐
identify
[aɪdéntəfàɪ]

を**特定する**；を同一視する

---

702 ☐☐☐
appoint
[əpɔ́ɪnt]

を**任命する**(≒ assign)
appoint A (as [to be]) B A を B に任命する

---

703 ☐☐☐
implement
発 [ímplɪmènt]

(計画など)を**実行する**
☐ implementation 名 履行，実施

---

704 ☐☐☐
inspect
[ɪnspékt]

を**(綿密に)調査する**(≒ examine)
☐ inspector 名 検査官，調査官
☐ inspection 名 調査，視察

---

705 ☐☐☐
exceed
アク [ɪksíːd]

を**超える**

---

706 ☐☐☐
expire
[ɪkspáɪər]

期限が切れる

---

707 ☐☐☐
specify
[spésəfàɪ]

を**指定する**，を具体的に述べる
☐ specific 形 明確な；具体的な
☐ specifically 副 特に；正確に言うと

---

708 ☐☐☐
engage
[ɪngéɪdʒ]

を**従事させる**；従事する
be engaged in ... …に従事している
☐ engaging 形 人を引き付ける

208

□ 動詞編 p.208	□ 形容詞編 p.224
□ 名詞編 p.214	□ 副詞・その他編 p.228

We carried out research to **identify** new markets for our products.

当社製品の新しい市場を<u>特定する</u>ために調査を行った。

She was **appointed** as director of human resources.

彼女は人事部の部長に<u>任命された</u>。

A paper recycling policy was **implemented** in the workplace.

紙をリサイクルする方針が職場で<u>実施された</u>。

A quality control engineer **inspected** the machine.

品質管理技術者がその機械を<u>調査した</u>。

His job performance **exceeded** our expectations.

彼の仕事ぶりは私たちの期待を<u>上回った</u>。

The credit card has **expired**.

そのクレジットカードは<u>期限が切れている</u>。

Did he **specify** the time and place for the meeting?

彼は会合の時間と場所を<u>指定し</u>ましたか。

The workers are **engaged** in production of footwear.

労働者たちは履物の生産に<u>従事している</u>。

209

Chapter 3 Section 8 動詞編

---

709 □□□
equip
㊆ [ɪkwíp]

に備えつける
be equipped with ... …を備えている
□ equipment 名 設備；機器

---

710 □□□
assure
[əʃúər]

を保証する
assure *A* that ... A に…を保証する
⠿ rest assured that ... (…は保証されているので)安心する
□ sure 形 確信して

---

711 □□□
authorize
[ɔ́ːθəràɪz]

に権限を与える；を認可する
be authorized to *do* …する権限を与えられている
□ authority 名 権力者；権限
□ authorization 名 権限付与

---

712 □□□
illustrate
㊆ [íləstrèɪt]

(を)説明する；に挿絵を入れる
□ illustration 名 説明；挿絵, イラスト

---

713 □□□
preserve
㊊㊆ [prɪzə́ːrv]

を保存する　名 自然保護区
□ preservation 名 保存；保護

---

714 □□□
vary
㊊ [véəri]

変わる；異なる；を変える

---

715 □□□
stick
[stɪk]

を動けなくさせる；をくっつける
be stuck 動けなくなる
⠿ 活用：stick - stuck - stuck

---

716 □□□
praise
㊊ [preɪz]

を褒める　名 称賛
praise *A* for *B* A を B のことで褒める

---

717 □□□
prove
㊊ [pruːv]

を証明する；判明する
prove *A* (to be) *B* A が B であることを証明する
⠿ 過去分詞形は proved と proven の 2 つがある。
□ proof 名 (確実な)証拠

210

The factory **is equipped** with state-of-the-art machinery.	その工場は最新式の機械を備えている。
The dealer **assured** me that the car was in perfect condition.	ディーラーはその車は完璧な状態だということを保証した。
She **is authorized** to sign purchase orders.	彼女は注文書に署名する権限を与えられている。
I will **illustrate** this point with some examples.	この要点をいくつか例を挙げて説明します。
We must **preserve** the natural environment.	私たちは自然環境を保全しなければならない。
The interest rate **varies** according to market conditions.	市場の状況によって金利は変わる。
I was **stuck** in traffic on the highway.	私は幹線道路の交通渋滞で動けなくなった。
Customers have **praised** the restaurant for its creative food.	顧客たちは，そのレストランを独創的な料理のことで褒める。
The product was **proved** to be defective.	その製品には欠陥のあることが証明された。

211

Chapter 3 Section 8 　動詞編

---

718 □□□
adapt
[ədǽpt]

適応する(≒ adjust)；を適応させる
adapt to ... …に適応する

---

719 □□□
adopt
[ədá(:)pt]

を**採用する**
□ adoption 名 採用

---

720 □□□
fasten
発 [fǽsən]

を**締める**

---

721 □□□
sweep
[swiːp]

(を) **(ほうきなどで)掃く**

---

722 □□□
encounter
[ɪnkáuntər]

に**遭遇する**　名 遭遇

---

723 □□□
ignore
アク [ɪgnɔ́ːr]

を**無視する**

---

724 □□□
summarize
[sʌ́məràɪz]

(を)**要約する**
□ summary 名 要約

---

725 □□□
urge
発 [əːrdʒ]

に**強く促す**　名 衝動
urge A to do A に…するよう強く促す

---

726 □□□
secure
アク [sɪkjúər]

を**確保する**　形 確かな
□ securely 副 安全に；しっかりと

212

Our products can **adapt** to a customer's needs.	当社の製品は，顧客のニーズに合わせることができます。
We should **adopt** a new approach to this problem.	私たちはこの問題に対して新しい取り組み方を採用するべきだ。
Please **fasten** your seat belts, and enjoy the flight.	シートベルトを締めて，フライトをお楽しみください。
A man is **sweeping** the kitchen floor.	男性が台所の床を掃いている。
We **encountered** several problems in this project.	私たちはこのプロジェクトでいくつかの難問に行き当たった。
Any safety regulations must not be **ignored**.	どの安全規則も無視してはいけない。
So, let me **summarize** what we just discussed.	それでは，今話し合ったことをまとめます。
All sales staff were **urged** to attend the meeting.	販売スタッフ全員がその会議に出席するよう強く促された。
The start-up company **secured** $3 million from investors.	その新興企業は投資家たちから300万ドルの出資を確保した。

Chapter 3　Section 8　動詞編　名詞編

---

727 ☐☐☐
appreciate
発 ⑦ [əprí:ʃièɪt]

を**感謝する**；の真価を認める
☐ **appreciation** 名 感謝；真価を認めること；鑑賞

---

728 ☐☐☐
persuade
発 [pərswéɪd]

を**説得する**(≒ convince)
persuade A to do A を説得して…させる
☐ **persuasion** 名 説得；確信

---

729 ☐☐☐
tear
発 [teər]

裂ける；を引き裂く
■ 活用：tear - tore - torn
■ 発音の似た tear [tɪər]「涙」に注意。

---

730 ☐☐☐
interact
[ìntərǽkt]

(人と)交流する；相互に作用する
☐ **interaction** 名 交流，相互作用

---

731 ☐☐☐
restrict
[rɪstríkt]

を**制限する**
restrict A to B A を B に限定する
☐ **restriction** 名 制限

---

732 ☐☐☐
annoy
[ənɔ́ɪ]

を**いらいらさせる**(≒ irritate)
be **annoyed by [with, at]** ... …にいらつく

---

733 ☐☐☐
attain
[ətéɪn]

を**達成する**(≒ achieve, accomplish)

---

734 ☐☐☐
devote
[dɪvóʊt]

を**ささげる**(≒ dedicate)
devote *oneself* **to** ... …に身をささげる；…に専心する

名詞編

735 ☐☐☐
advance
[ədvǽns]

前進 動 を進める；進む
■ in advance 前もって
☐ **advancement** 名 前進；昇進
☐ **advanced** 形 進んだ，高度な

214

We greatly **appreciate** your cooperation.	あなたのご協力に深く感謝いたします。
The manager **persuaded** me to lead the new project.	部長は，私を説得して新しいプロジェクトを指揮させた。
The paper of the book is old and **tears** easily.	この本の紙は古くて裂けやすい。
He **interacts** well with other colleagues.	彼は他の同僚たちとうまく付き合う。
The bank **restricted** its lending to reliable companies.	その銀行は貸し付けを信用できる企業に限定した。
Joe was **annoyed** by the noise coming from the room next door.	ジョーは隣室からの騒音にいらいらした。
The book **attained** sales of over 100,000 copies.	その本は10万部を超える販売を達成した。
She **devoted** herself to writing novels.	彼女は小説を書くことに専念した。
Technological **advances** have changed our lives.	技術の進歩は私たちの暮らしを変えた。

215

Chapter 3　Section 8　名詞編

736 □□□
personnel
[pə̀ːrsənél]

（集合的に）**職員**；人事課
⊞ personnel department 人事部

---

737 □□□
refund
アク [ríːfʌnd]

払い戻し　動 を払い戻す
full refund 全額払い戻し
⊞ give A a refund A に返金する
⊞ 動詞はアクセントの位置が変わり，[rɪfʌnd] となる。

---

738 □□□
condition
[kəndíʃən]

条件；状態
⊞ in good condition 良い状態で

---

739 □□□
initiative
[ɪníʃɪətɪv]

新たな取り組み；主導権
initiative to do …するための取り組み

---

740 □□□
individual
アク [ɪndɪvídʒuəl]

個人　形 個々の；個人の
□ **individually** 副 個人的には；個々に

---

741 □□□
internship
[íntəːrnʃìp]

インターンの期間[地位]
□ **intern** 名 インターン；実習生

---

742 □□□
inquiry
[ínkwəri]

問い合わせ，質問
□ **inquire** 動 (を)尋ねる

---

743 □□□
evaluation
[ɪvæljuéɪʃən]

評価（≒ assessment, appraisal）
□ **evaluate** 動 (を)評価する

---

744 □□□
specification
[spèsəfɪkéɪʃən]

(-s)仕様書；明細事項

216

All sales **personnel** must attend the training program.	全販売員はその研修プログラムに参加しなければならない。
You may return your purchase within 14 days for a full **refund**.	14日以内に返品して全額払い戻しを求めることができます。
Some **conditions** are attached to the contract.	その契約には，いくつかの条件が付いている。
The city launched an **initiative** to reduce the use of plastic shopping bags.	その市は，買い物用のポリ袋の使用を減らすための新たな取り組みを始めた。
We are seeking **individuals** who are outgoing and reliable.	当社は社交的で信頼できる人を求めています。
He completed an **internship** at a law firm last year.	彼は去年，法律事務所でインターンシップを終了した。
We've received a lot of **inquiries** about our new line of cosmetics.	当社の新しい化粧品のシリーズに多くの問い合わせを受けた。
The job performance **evaluation** will be conducted yearly.	業績評価は年1回行われる。
We manufacture furniture according to our client's **specifications**.	当社は顧客の仕様書に従って家具を製造します。

217

Chapter 3　Section 8　名詞編

745 ☐☐☐
textile
[tékstaɪl]

織物（≒ cloth, fabric）

---

746 ☐☐☐
auditorium
[ɔ̀:dɪtɔ́:riəm]

公会堂；講堂

---

747 ☐☐☐
defect
[dí:fekt]

欠陥，欠点（≒ flaw）
☐ **defective** 形 欠陥のある

---

748 ☐☐☐
publicity
[pʌblísəti]

知れ渡ること；宣伝
☐ **publicize** 動 を公表する；を広告する

---

749 ☐☐☐
compensation
[kà(:)mpənséɪʃən]

報酬；補償
☐ **compensate** 動 に（損失などを）償う，を埋め
合わせる

---

750 ☐☐☐
aspect
発 [ǽspèkt]

側面；様相

---

751 ☐☐☐
duration
[djuəréɪʃən]

継続期間

---

752 ☐☐☐
faculty
[fǽkəlti]

（集合的に）教授陣；全教員

---

753 ☐☐☐
honor
発 [á(:)nər]

名誉；敬意 動 に栄誉を授ける
It is an honor to *do* …できて光栄です
▯ イギリス英語では honour とつづる。
▯ in honor of ... …に敬意を表して；…を祝して

The firm is engaged in export of **textiles** and apparel.	その会社は織物と衣料の輸出に従事している。
The reception took place at the Pedro **Auditorium**.	歓迎会はペドロ公会堂で行われた。
This old machine has some **defects**.	この古い機械にはいくつか欠陥がある。
He received a lot of **publicity** for his latest novel.	彼は最新の小説で広く知られるようになった。
Kevin talked about **compensation** with his boss.	ケビンは上司と報酬について話をした。
The seminar covers all **aspects** of the food business.	そのセミナーは食品事業の全ての側面を取り上げる。
The Advanced Spanish course is of three months' **duration**.	スペイン語上級コースの期間は3カ月です。
The university is famous for its exceptional **faculty**.	その大学は非常に優れた教授陣で有名だ。
It is a great **honor** to receive the "Employee of the Year" award.	年間最優秀社員賞を頂けて大変光栄です。

Chapter 3　Section 8　名詞編

754 ☐☐☐
bid
[bɪd]

入札　動（競売・入札で）に値を付ける
a bid for ... …の入札

755 ☐☐☐
establishment
[ɪstǽblɪʃmənt]

施設，機関；設立
☐ **establish** 動 を設立する

756 ☐☐☐
incentive
[ɪnséntɪv]

動機，励みになるもの
▦ tax incentive 税制上の優遇措置

757 ☐☐☐
backing
[bǽkɪŋ]

援助

758 ☐☐☐
component
[kəmpóunənt]

（機械の）部品（≒ part）；構成要素

759 ☐☐☐
farewell
[fèərwél]

別れ（のあいさつ）（≒ goodbye）

760 ☐☐☐
fixture
[fíkstʃər]

(-s)（作り付け）設備
light(ing) fixtures 照明設備

761 ☐☐☐
nomination
[nà(:)mɪnéɪʃən]

指名（候補）
☐ **nominate** 動 を（…に）指名する

762 ☐☐☐
presence
[prézəns]

存在（⇔ absence 不在；欠席）；出席
☐ **present** 形 現在の；出席している　名 現在

Five companies submitted **bids** for the road construction work.	5社が道路建設工事に**入札**した。
This restaurant is among the best dining **establishments** in London.	このレストランはロンドンで最高の飲食**施設**の1つだ。
The chance for a pay raise can be an **incentive** to work harder.	昇給の可能性はもっと一生懸命働くための**動機**となりうる。
With financial **backing** of investors, she started the project.	投資家からの資金**援助**を得て，彼女はそのプロジェクトを始めた。
The factory manufactures electrical **components** for aircraft.	その工場は飛行機の電気**部品**を製造する。
We held a **farewell** party for Mr. Lewis.	私たちはルイス氏の**送別**会を開いた。
An electrician came to the office to repair light **fixtures**.	照明**設備**を修理するために電気技師が事務所へ来た。
Nominations for the Board of Directors must be received by July 1.	理事会候補者の**指名**は7月1日必着です。
The company has a strong **presence** in the domestic market.	その会社は，国内市場で強い**存在感**がある。

763 □□□ **absence** [ǽbsəns]	**不在**（⇔ presence 存在；出席）；**欠席** during [in] *one's* absence …の不在中
764 □□□ **objective** アク [əbdʒéktɪv]	**目標**，目的　形 目的の；客観的な
765 □□□ **physician** [fɪzíʃən]	**医者**，内科医
766 □□□ **stockholder** [stá(:)khòuldər]	**株主**（≒ shareholder） □ stock 名 株，株式
767 □□□ **solution** [səlú:ʃən]	**解決（策）** □ solve 動（問題など）（を）解く
768 □□□ **certificate** 発 [sərtífɪkət]	**証明書** ■ gift certificate 商品券
769 □□□ **deposit** [dɪpá(:)zət]	**手付金**；預金　動 を預金する；を手付金として払う
770 □□□ **committee** [kəmíti]	（集合的に）**委員会** ■ 委員1人は a committee member となる。
771 □□□ **critic** [krítɪk]	**批評家**（≒ reviewer） □ criticize 動 を批判する □ criticism 名 批判

During my **absence**, Chris will take over my responsibilities.	私の**不在**中は，クリスが私の責任を引き継ぎます。
The company's **objective** is to achieve large-scale production.	その会社の**目標**は，大規模生産を実現することだ。
The local **physician** treated the patient.	地元の**医者**がその患者を治療した。
This year, the company will hold its annual **stockholders**' meeting on May 10.	今年，その会社は年次**株主**総会を5月10日に開く。
There are two possible **solutions** to this budget problem.	この予算問題に対して可能な**解決策**が2つある。
The Coen Academy will issue **certificates** to participants who complete its courses.	コーエン・アカデミーは，講座を修了する参加者に**証明書**を交付する。
A **deposit** of $100 is required to hold a reservation.	予約を押さえておくには，100ドルの**手付金**が必要です。
The company organized a **committee** to promote recycling in the workplace.	その会社は，職場でのリサイクルを促進するために**委員会**を組織した。
The film was well received by the **critics**.	その映画は**批評家たち**に好評だった。

Chapter 3　Section 8　名詞編　形容詞編

---

772 □□□
biography
[baɪɑ́(:)grəfi]

伝記；経歴
□ bio 名 略歴，経歴

形容詞編

773 □□□
vital
[váɪtəl]

極めて重要な(≒ crucial)；生命の

---

774 □□□
initial
[ɪníʃəl]

最初の　名 頭文字
□ initially 副 最初に [は]
□ initiate 動 を始める

---

775 □□□
innovative
[ínəvèɪtɪv]

革新的な
□ innovation 名 革新，イノベーション

---

776 □□□
primary
[práɪmèri]

主要な(≒ main)；第 1 位の
□ primarily 副 主に；第一に

---

777 □□□
complicated
[kɑ́(:)mpləkèɪtɪd]

複雑な(≒ complex)
□ complicate 動 を複雑にする

---

778 □□□
informative
[ɪnfɔ́ːrmətɪv]

有益な，　知識を与える

---

779 □□□
essential
[ɪsénʃəl]

不可欠の；本質の　名 (-s) 必需品
It is essential to *do* …することが不可欠だ

---

780 □□□
generous
[dʒénərəs]

気前のよい，　寛大な
□ generously 副 気前よく，たっぷりと

224

She wrote a **biography** of the famous actor.	彼女はその有名俳優の伝記を書いた。
Innovation is **vital** for businesses to survive in the global market.	企業が世界市場で生き残るためには，革新が極めて重要だ。
We were involved in the **initial** stages of the project.	私たちは，そのプロジェクトの初期段階に関与した。
She came up with an **innovative** business idea.	彼女は，革新的な事業のアイデアを思いついた。
The **primary** responsibility of this position is to manage our sales team.	この職の主な責務は当社の販売チームを管理することです。
The operation of this machine is **complicated**.	この機械の操作は複雑だ。
The tour of the cave was really **informative**.	その洞窟の見学はとても有益だった。
It is **essential** to keep our client's information secret.	顧客情報を秘密にしておくのは不可欠です。
Thank you for your **generous** donation to our charity.	私たちの慈善団体への惜しみない寄付をありがとうございます。

Chapter 3 **Section 8** 形容詞編

---

781 ☐☐☐
introductory
[ìntrədʌ́ktəri]

入門の；紹介の
☐ introduction 名 紹介；入門(書)；導入

---

782 ☐☐☐
prospective
[prəspéktɪv]

見込みのある(≒ potential)；予想される
☐ prospect 名 見込み，見通し

---

783 ☐☐☐
outdated
[àʊtdéɪtɪd]

時代遅れの(≒ out-of-date)

---

784 ☐☐☐
renowned
[rɪnáʊnd]

有名な(≒ famous)

---

785 ☐☐☐
fascinating
[fǽsɪnèɪtɪŋ]

興味をそそる；魅力的な

---

786 ☐☐☐
precise
発 [prɪsáɪs]

正確な，精密な(≒ exact, accurate)
(⇔ imprecise 正確でない)
☐ precision 名 正確さ，精密さ
☐ precisely 副 正確に，精密に

---

787 ☐☐☐
interoffice
[ìntəːrá(ː)fəs]

各部門間の(≒ in-house)
interoffice mail 社内便

---

788 ☐☐☐
outgoing
[àʊtgóʊɪŋ]

退職する；出て行く；社交的な

---

789 ☐☐☐
underway
[ʌ̀ndərwéɪ]

進行中で(≒ in progress)

226

He took an **introductory** course in programming.	彼はプログラミングの<u>入門</u>講座を取った。
They identify **prospective** clients, and arrange appointments with them.	彼らは，顧客に<u>なりそうな</u>人を特定し，会う手配をします。
The **outdated** machine was replaced with a new model.	<u>時代遅れの</u>機械が新型のものに取り換えられた。
A **renowned** architect designed the building.	<u>有名な</u>建築家がその建物を設計した。
She delivered a **fascinating** lecture on computers.	彼女はコンピューターについて<u>興味深い</u>講演をした。
The store manager needs to know **precise** sales figures on a daily basis.	店長は毎日の<u>正確な</u>売上高を知る必要がある。
I sent you the photographs of the company picnic by **interoffice** mail.	会社のピクニックの写真を，<u>社内</u>便であなたに送りました。
Ms. Finch will succeed the **outgoing** director.	フィンチさんが<u>退職する</u>取締役の後を継ぐ。
The project to build a stadium is **underway**.	競技場を建設する事業が<u>進行中</u>だ。

227

Chapter 3 Section 8 形容詞編 副詞・その他編

790 □□□
firsthand
[fə́ːrsthǽnd]

直接の（≒ direct）　副 直接に

---

791 □□□
identical
[aɪdéntɪkəl]

同一の；全く同じ

---

792 □□□
urgent
発 [ə́ːrdʒənt]

緊急の
□ urgently 副 緊急に

---

793 □□□
rural
[rúərəl]

田舎の（≒ remote）

副詞・その他編

794 □□□
definitely
[défənətli]

確かに；明確に　副 確かに；その通り
□ definite 形 確定した，確かな

---

795 □□□
automatically
[ɔ̀ːtəmǽtɪkəli]

自動的に
□ automatic 形 自動（式）の

---

796 □□□
thoroughly
発 [θə́ːrouli]

徹底的に；完全に
□ thorough 形 徹底的な；完全な

---

797 □□□
accordingly
[əkɔ́ːrdɪŋli]

それに応じて；それゆえに

---

798 □□□
virtually
[və́ːrtʃuəli]

事実上は（≒ practically）；仮想的に
□ virtual 形 事実上の；仮想（空間）の

228

She has **firsthand** knowledge of the travel industry.	彼女は，旅行産業についての<u>直接の</u>知識がある。
The two houses are almost **identical** to each other.	その2軒の家は互いにほぼ<u>同じ</u>だ。
We have an **urgent** need for skilled engineers.	当社は，熟練したエンジニアが<u>緊急に</u>必要だ。
Many production facilities are located in **rural** areas.	多くの生産施設は，<u>田舎</u>に置かれている。
The museum is **definitely** worth a visit.	その博物館は，<u>確か</u>に行く価値がある。
This contract will be **automatically** renewed.	この契約は<u>自動的に</u>更新される。
All products are **thoroughly** tested before shipment.	全製品が出荷前に<u>徹底的に</u>検査される。
I reviewed your feedback and changed my proposal **accordingly**.	あなたのフィードバックを見直して，<u>それに応じて</u>提案書を訂正しました。
The project is **virtually** completed.	そのプロジェクトは<u>事実上は</u>完成している。

229

Chapter 3 **Section 8** 副詞・その他編

---

799 □□□
apparently
[əpǽrəntli]

見たところは…らしい
□ apparent 形 明らかな, 見えている

---

800 □□□
regarding
[rɪgάːrdɪŋ]

…に関して (≒ concerning)
▦ regardless of ... …にかかわらず

230

Apparently, we need to replace the ink cartridge in the printer.	見たところ，プリンターのインクカートリッジを交換する必要がありそうだ。
Regarding your inquiry, please refer to page 6 of the brochure.	あなたのお問い合わせに関しては，パンフレットの6ページを参照してください。

■ 覚えておきたい多義語

TOEIC L&R テストでは，1つの単語のさまざまな意味が問われることがあります。Section 8で出てきた中で，特に覚えておきたい多義語，意外な意味を持つ多義語をチェックしましょう。

---

compensation ⇨ **749** (p.218)

- **報酬**

  Kevin talked about compensation with his boss.

  （ケビンは上司と報酬について話をした。）

- **補償**

  I received compensation from the airline for the lost luggage.

  （私は航空会社から荷物紛失の補償を受けた。）

---

outgoing ⇨ **788** (p.226)

- **退職する**

  Ms. Finch will succeed the outgoing director.

  （フィンチさんが退職する取締役の後を継ぐ。）

- **出て行く**

  Outgoing mail is picked up by mid-afternoon.

  （発送郵便物は午後半ばまでに収集される。）

- **社交的な**

  We are seeking an outgoing person with retail experience.

  （当社は小売業の経験がある社交的な人を探している。）

232

Column

品詞の特徴的な語尾

単語の語尾から品詞が分かる場合があります。例えば動詞 employ（を雇用する）に -ment が付いた employment（雇用）は名詞です。このような知識は単語を覚える上でも大いに役立ちます。また，Part 5 や 6 で選択肢にいろいろな品詞が並ぶ設問では，文全体を読まずとも空所の前後を見るだけで正解となる品詞が分かることが多いので，素早く解答できます。下の表の下線が各品詞の特徴的な語尾です。ただし，friendly は「友好的な」という形容詞，official には「役人」という名詞の意味があるなど例外もあるので，学習を進める中で必ず品詞を確認するようにしましょう。

動詞	realize（をはっきり理解する），notify（に知らせる），shorten（を短くする）
名詞	location（場所），payment（支払い），agency（代理店），mechanism（仕組み），scholarship（奨学金），awareness（気付いていること）
名詞（人）	tourist（旅行者），painter（画家，塗装工），sculptor（彫刻家）
形容詞	comfortable（快適な），financial（財務の），automotive（自動車の），skillful（熟練した），previous（以前の）
副詞	probably（たぶん）

Column
言い換えのさまざまなパターン

この本でも，同義語を紹介している見出し語があります。それは，Part 3，4，7で本文の内容が選択肢で言い換えられているときや，Part 7の語彙問題が出題されたときに，素早く正答できるようにするためです。

ただ，実際の試験では，同じ意味や同じ品詞の語句だけが言い換えられるわけではありません。例えば，以下のような言い換えが出題されることがあります。

(1) **flute**（フルート）　→　**musical instrument**（楽器）
(2) I don't remember **her remark**.
　　（彼女の発言が思い出せない）
　　→　I don't remember **what she said**.
　　　（彼女の言ったことが思い出せない）

(1)は「フルート」を大きなくくりで「楽器」と言い換えています。このような，具体的なものをより大きなくくりで言い換えることはよくあります。
例）
・lake（湖），sea（海），river（川），pond（池）
　　→　water（水域）
・laboratory（研究所），factory（工場），plant（工場），gym（ジム）　→　facility（施設）
・car（車），bus（バス），taxi（タクシー），truck（トラック）
　　→　vehicle（乗り物）
・magazine（雑誌），journal（機関誌，（学会などの）会報）
　　→　periodical（定期刊行物），publication（出版物）

- restaurant（レストラン），eatery（飲食店），diner（簡易食堂），café（喫茶店）
  → eating establishment（飲食施設）

(2)の，「発言」とはつまり「言ったこと」，という言い換えは簡単だと思うかもしれませんが，試験では音声のみだったり時間に追われていたりするので，意外とすぐにはピンとこないものです。ですが，どのような言い換えがされ得るのか知っていれば落ち着いて正解を選べますね。

以下に言い換え表現をまとめました。必ず置き換えられるわけではありませんが，こういった表現を拾っていくと試験のときに役立ちますよ。3つ目の例のように，単純に「この部分の言い換えがこの語」という対応関係にはなっておらず，文全体をまとめて言い換えることもあります。

- the president（社長）
  → the head of a company（会社のトップ）
- how the project is going（どのようにプロジェクトが進んでいるか） → progress（進捗）
- 本文：Anne was honored with the employee of the year award.（アンは年間最優秀従業員賞を受賞した）
  → 選択肢：She is an award winner. / She is a recipient of an award.（彼女は賞の受賞者である）

235

236

Chapter 4
860点を目指す単語

Section 9 238

Section 10 264

Chapter 4 860点を目指す単語
Section 9

見出し語番号 801〜900

動詞編

801 □□□
reimburse
[rìːɪmbə́ːrs]

に**払い戻す**
reimburse A for B A に B を払い戻す
□ **reimbursement** 名 (費用などの)返済

802 □□□
facilitate
[fəsílətèɪt]

を**促進する**
□ **facilitator** 名 進行役；まとめ役

803 □□□
acquire
[əkwáɪər]

を**取得する**
□ **acquisition** 名 取得；買収

804 □□□
compliment
発 [ká(ː)mpləmènt]

を**褒める** 名 褒め言葉
compliment A on B B について A を褒める
□ **complimentary** 形 無料の

805 □□□
grant
[grænt]

を**与える**；を認める 名 許可；補助金
grant A B (= grant B to A) A に B を与える
⊞ take ... for granted …を当然のことと考える

806 □□□
anticipate
[æntísɪpèɪt]

(を)**予想する**
□ **anticipated** 形 予期された；楽しみに待ち望まれた
□ **anticipation** 名 予期，期待

807 □□□
acknowledge
発 [əkná(ː)lɪdʒ]

を**認める**(≒ admit)；(荷物などの受け取り)を知らせる
□ **acknowledgment** 名 (事実などの)承認；(受け取りの)通知

808 □□□
discontinue
[dìskəntínjuː]

(生産・供給・継続中のこと)を**中止する**
(⇔ continue 続く；を続ける)

238

☐ 動詞編 p.238 ☐ 形容詞編 p.252	
☐ 名詞編 p.244 ☐ 副詞編 p.258	

The company **reimburses** its employees for business expenses.	会社は従業員に業務上の経費を<u>払い戻す</u>。
Her assistance **facilitated** the progress of the project.	彼女の支援によってプロジェクトの進捗が<u>促進された</u>（＝<u>早まった</u>）。
The startup was **acquired** by a large telecommunications firm.	その新興企業は大手の電気通信会社に<u>買収された</u>。
The manager **complimented** me on my French skills.	部長は私のフランス語のスキルを<u>褒めた</u>。
The council **granted** the developer permission to build on the site.	評議会は宅地開発業者にその場所に建築する許可を<u>与えた</u>。
Sales are much better than **anticipated**.	売り上げは<u>予想していた</u>よりもずっと良い。
The CEO **acknowledged** the need for change.	最高経営責任者は, 改革の必要性を<u>認めた</u>。
Unfortunately, this product has been **discontinued**.	残念ながら, この商品は (製造) <u>中止になりました</u>。

239

Chapter 4 Section 9 動詞編

---

809 ☐☐☐
incorporate
[ɪnkɔ́ːrpərèɪt]

を**組み入れる**
incorporate *A* into [in] *B* A を B に組み入れる

---

810 ☐☐☐
adhere
[ədhíər]

(規則・計画などを)固守する；くっつく
adhere to ... …を固守する；…に付着する

---

811 ☐☐☐
cite
[saɪt]

を**引き合いに出す**(≒ quote)；を引用する
cite *A* as *B* B として A を挙げる

---

812 ☐☐☐
collaborate
[kəlǽbərèɪt]

共同で働く
collaborate with *A* on *B* B を A と共同で行う
☐ collaboration 名 協力；共同制作[研究]
☐ collaborator 名 協力者；共同制作者

---

813 ☐☐☐
compile
[kəmpáɪl]

(資料・情報など)を**まとめる**

---

814 ☐☐☐
compose
[kəmpóuz]

(を)**作曲する**；を構成する
☐ composer 名 作曲家

---

815 ☐☐☐
eliminate
🄰[ɪlímɪnèɪt]

を**除去する**(≒ exclude)

---

816 ☐☐☐
modify
[mɑ́(ː)dɪfàɪ]

を**(部分的に)修正する**
☐ modification 名 (部分的な)修正

---

817 ☐☐☐
situate
🄰[sítʃuèɪt]

を**(ある場所に)置く**(≒ locate, place)
be situated in [at] ... …に位置している

240

His suggestion was **incorporated** into the final design.

彼の提案は最終設計に組み込まれた。

All employees must **adhere** to company policies.

全従業員は会社の方針を固守しなければならない。

The company **cited** falling sales as the reason for closing some shops.

その会社は，数店舗を閉鎖する理由として売り上げの落ち込みを挙げた。

We **collaborated** with other teams on several projects.

私たちは，いくつかのプロジェクトで他のチームと共同で働いた。

This report was **compiled** from a survey of 3,000 consumers.

この報告書は，消費者3,000人の調査からまとめられた。

He **composed** the music for a film called "Treasures".

彼は『トレジャーズ』という映画の音楽を作曲した。

Regular safety inspections can help **eliminate** the risk of injuries at work.

定期的な安全検査は職場でのけがの危険性を取り除くのに役立つ。

I **modified** the document based on your feedback.

あなたのフィードバックに基づいて，書類を修正しました。

The hotel is **situated** in the city center.

そのホテルは市の中心部に位置している。

241

Chapter 4　Section 9　動詞編

---

818 □□□
correspond
[kɔ̀(:)rəspá(:)nd]

一致する；通信する
correspond to ... …に一致する；…に相当する
▪ correspond with ... …と連絡する；…と一致する
□ **correspondence** 名 往復書簡；通信
□ **correspondent** 名 特派員

---

819 □□□
dispute
⟲ [dɪspjúːt]

に**異議を唱える**；(を)論争する　名 論争

---

820 □□□
disrupt
[dɪsrʌ́pt]

を**混乱させる**
□ **disruption** 名 混乱；中断；途絶

---

821 □□□
offset
⟲ [ɔ̀(:)fsét]

を**相殺する**　名 相殺するもの
▪ 名詞はアクセントの位置が変わり，[ɔ́(:)fsèt] となる。

---

822 □□□
attribute
⟲ [ətríbjùːt]

の**原因だと考える**　名 属性
attribute A to B A を B のせいにする
▪ 名詞はアクセントの位置が変わり，[ǽtrɪbjùːt] となる。

---

823 □□□
compromise
⟲⟲ [ká(:)mprəmàɪz]

妥協する；を損なう　名 妥協，譲歩
compromise on ... …に関して妥協する

---

824 □□□
enforce
[ɪnfɔ́ːrs]

(法律・規則など)を**施行する**

---

825 □□□
dominate
[dá(:)mɪnèɪt]

(を)**支配する**；(で)優位を占める

---

826 □□□
assign
⟲ [əsáɪn]

を**割り当てる**(≒ allocate)；を任命する
assign A B A に B を割り当てる
□ **assignment** 名 割り当て(られた仕事)；課題

242

The quality of the product **corresponded** to our predictions.	その製品の品質は私たちの予想に<u>一致した</u>。
He **disputed** a credit card charge for a chair, because it was never delivered.	彼が椅子に対するクレジットカードの請求金額に<u>異議を唱えた</u>のは，椅子が配達されなかったからだ。
Heavy snow **disrupted** traffic across the city.	大雪が都市の至る所で交通を<u>混乱させた</u>。
Higher costs **offset** a rise in revenue.	コストの上昇が収益の増加を<u>相殺した</u>。
The analyst **attributed** the company's success to its new business model.	アナリストは，その会社の成功は新しいビジネスモデルの<u>おかげだと考えた</u>。
We may have to **compromise** slightly on price.	私たちは，価格について少しばかり<u>妥協し</u>なくてはならないかもしれない。
New parking rules will be **enforced** starting May 1.	5月1日から新しい駐車規則が<u>施行される</u>。
A few companies **dominate** the market for computer chips.	少数の企業がコンピューターチップの市場を<u>支配する</u>。
The boss **assigned** her the task of preparing the agenda for meetings.	上司は彼女に会議の議題一覧を作成する仕事を<u>割り当てた</u>。

243

Chapter 4 **Section 9** 動詞編 名詞編

---

827 □□□
allocate
[ǽləkèit]

を**割り当てる**（≒ assign）
allocate A to B A を B に割り当てる
□ allocation 名 割り当て，配分

---

828 □□□
abandon
[əbǽndən]

を**中止する**；を捨てる

---

829 □□□
coordinate
発 [kouɔ́:rdɪnèit]

（部分・働きなど）を**調整する**；調和して働く
□ coordinator 名 調整する人；取りまとめ役

---

830 □□□
defeat
[dɪfíːt]

を**負かす** 名 敗北；打倒

名詞編

831 □□□
vendor
[véndər]

売る人， 販売会社
🔢 vending machine 「自動販売機」も覚えておこう。

---

832 □□□
medication
[mèdɪkéiʃən]

薬物（治療）
□ medicine 名 薬；(内科)医学
□ medical 形 医学の；内科の

---

833 □□□
itinerary
発 [aɪtínərèri]

旅程（表）
travel itinerary 旅行日程

---

834 □□□
questionnaire
🔢 [kwèstʃənéər]

アンケート， 質問票

---

835 □□□
detergent
[dɪtə́:rdʒənt]

洗剤

244

About 30 percent of the total budget was <u>allocated</u> to advertising.	予算の約30パーセントが広告に<u>割り当てられた</u>。
The advertising campaign was suddenly <u>abandoned</u>.	その広告キャンペーンは突然<u>中止された</u>。
As marketing director, he <u>coordinates</u> all marketing activities.	マーケティング部長として，彼は全てのマーケティング活動を<u>調整する</u>。
His proposal was <u>defeated</u> by five votes to four.	彼の提案は5対4票で<u>負かされた</u>（＝<u>否決された</u>）。
A <u>vendor</u> is selling drinks and snacks on the street.	<u>売り子</u>が通りで飲み物と軽食を売っている。
He is taking <u>medication</u> for allergies.	彼はアレルギーの<u>薬</u>を服用している。
The travel <u>itinerary</u> has not been finalized yet.	旅行<u>日程</u>はまだ最終決定されていない。
Each new patient will be asked to complete a <u>questionnaire</u> about his/her health.	初診患者は健康について<u>アンケート</u>に記入するよう求められる。
This laundry <u>detergent</u> will remove any kind of stain.	この洗濯<u>洗剤</u>で，どんな種類の染みでも取れる。

245

Chapter 4　Section 9　名詞編

836 ☐☐☐
entrepreneur
発 [à:ntrəprənə́ːr]

起業家

837 ☐☐☐
voucher
発 [váutʃər]

引換券，　クーポン券

838 ☐☐☐
quota
発 [kwóutə]

(生産・販売などの)割当量

839 ☐☐☐
bookkeeping
[búkkìːpɪŋ]

簿記

840 ☐☐☐
subsidiary
アク [səbsídièri]

子会社

841 ☐☐☐
expense
アク [ɪkspéns]

出費，　経費 (≒ spending, outlay)
travel expense 旅費
▪ expense report 経費報告書
☐ **expensive** 形 値段が高い

842 ☐☐☐
publication
[pʌ̀blɪkéɪʃən]

出版物 ；出版 ；公表
☐ **publish** 動 を出版する
☐ **publisher** 名 出版社 [者]

843 ☐☐☐
agenda
[ədʒéndə]

議題のリスト，　議事日程表

844 ☐☐☐
reference
[réfərəns]

照会(先) ；参照 ；言及
▪ for your reference ご参考まで(に)
☐ **refer** 動 (に)照会する ；(を)参照する

246

Some **entrepreneurs** will talk about their businesses at the trade show.	その見本市で何人かの起業家が自分の事業について話をする。
Hotel guests will receive a **voucher** for a free coffee at its café.	宿泊客は，ホテルのカフェの無料コーヒー引換券をもらう。
We met our sales **quota** last month.	先月，私たちは販売割当量（＝ノルマ）を達成した。
John will teach you the basics of **bookkeeping**.	ジョンがあなたに簿記の基本を教えます。
The company has several **subsidiaries** in Asia.	その会社はアジアにいくつか子会社を持っている。
Travel **expenses**, such as plane tickets and accommodation, are paid by the company.	航空券や宿泊のような旅費は会社が支払います。
Our latest **publication** is a magazine for amateur photographers.	当社の最新の出版物は，アマチュア写真家向けの雑誌です。
The next item on the **agenda** is the additional budget.	議題リストの次の項目は，追加予算です。
Job interviewers may request a list of **references** and letters of recommendation.	就職の面接官は，身元照会リストと推薦状を要求するかもしれない。

Chapter 4 **Section 9** 名詞編

---

845 □□□
associate
[əsóuʃiət]

(仕事)仲間 動 を結び付ける　形 副…
▪ 動詞は発音が異なり，[əsóuʃièıt] となる。
□ **associated** 形 関連した；連合の
□ **association** 名 結び付き；協会；交際

---

846 □□□
merger
[mə́ːrdʒər]

(会社などの)合併
□ **merge** 動 (を)合併する；を溶け込ませる

---

847 □□□
patron
発 ア [péɪtrən]

(常連)客(≒ customer)；後援者
□ **patronage** 名 後援；ひいき
□ **patronize** 動 をひいきにする

---

848 □□□
fabric
[fǽbrɪk]

布地；織物

---

849 □□□
prescription
[prɪskrípʃən]

処方箋
prescription for ... …に対する処方箋
□ **prescribe** 動 を処方する

---

850 □□□
expertise
発 ア [èkspə(ː)rtíːz]

専門知識
expertise in ... …の専門知識

---

851 □□□
institution
[ìnstɪtjúːʃən]

機関(≒ organization)；施設
▪ financial institution 金融機関
□ **institute** 動 を設ける　動 学会，(研究の)機関

---

852 □□□
quote
発 [kwoʊt]

見積もり(≒ estimate)；引用文　動 に見積もる；(を)引用する
□ **quotation** 名 見積もり(価格)；引用(文)

---

853 □□□
exposition
[èkspəzíʃən]

博覧会(≒ expo)

248

We are looking for sales **associates** for a store in Los Angeles.	当社はロサンゼルスの店で販売を担当する<u>仲間</u>を求めています。
We are considering a **merger** with another mobile carrier.	当社は別の携帯電話会社との<u>合併</u>を検討している。
This parking lot is reserved for **patrons** of the restaurant.	この駐車場はレストランの<u>お客様</u>用です。
The jacket is made from a soft cotton **fabric**.	その上着は柔らかい木綿の<u>布</u>でできている。
The doctor gave me a **prescription** for antibiotics.	医者は私に抗生剤の<u>処方箋</u>をくれた。
He has strong **expertise** in technical analysis.	彼は技術的分析<u>について</u>高度な<u>専門知識</u>を持つ。
We offer a special discount to educational **institutions**.	当社は教育<u>機関</u>に特別割引を提供します。
We got **quotes** from several companies for comparison.	私たちは比較のために数社から<u>見積もり</u>を取った。
Over 3,000 people attended the **exposition** on the opening day.	初日には，3,000を超える人々が<u>博覧会</u>に参加した。

249

Chapter 4　Section 9　名詞編

854 ☐☐☐
exposure
[ɪkspóʊʒər]

露出，さらすこと
☐ **expose** 動 をさらす
☐ **exposition** 名 (大規模な)展覧会，博覧会

855 ☐☐☐
conservation
[kà(ː)nsərvéɪʃən]

(資源・自然・文化財などの)保護
(≒ preservation)；保存
☐ **conserve** 動 (自然など)を保存する；(資源など)を節約する

856 ☐☐☐
cuisine
[kwɪzíːn]

(特有の)料理

857 ☐☐☐
advancement
[ədvǽnsmənt]

昇進(≒ promotion)；前進；進歩

858 ☐☐☐
getaway
[ɡétəwèɪ]

保養地(≒ retreat)；(短い)休暇

859 ☐☐☐
manuscript
[mǽnjuskrìpt]

原稿(≒ draft)

860 ☐☐☐
literature
発 [lítərətʃər]

文学(作品)；(広告などの)印刷物

861 ☐☐☐
lodging
[lá(ː)dʒɪŋ]

宿泊場所(≒ inn, hotel, accommodation)
☐ **lodge** 動 泊まる；を泊める　名 ロッジ

862 ☐☐☐
gratitude
[ɡrǽtətjùːd]

感謝の気持ち，謝意

250

The sales promotion campaign got a lot of **exposure** in the media.	その販売促進キャンペーンは，よくマスコミでの露出があった。
The government has taken measures to promote energy **conservation**.	政府はエネルギー保護（＝省エネ）を推進する対策を取ってきた。
The restaurant specializes in traditional Italian **cuisine**.	このレストランは伝統的なイタリア料理が専門だ。
The start-up company offers many opportunities for **advancement**.	その新興企業には多くの昇進の機会がある。
The River Way is a popular **getaway**.	リバーウェイは，人気がある保養地です。
The writer sent the finished **manuscript** to the publisher.	作家は完成した原稿を出版社に送った。
He has been teaching European **literature** for 20 years.	彼は20年間ヨーロッパ文学を教えている。
You need to arrange your travel and **lodging** by yourself.	あなたは，旅と宿泊場所の手配を自分でする必要がある。
I wrote to David to show my **gratitude** for his help.	デイビッドの支援に感謝の意を表すために，彼に手紙を書いた。

Chapter 4 Section 9 名詞編 形容詞編

---

863 ☐☐☐
scholarship
[skɑ́(:)lərʃìp]

奨学金

---

864 ☐☐☐
insight
[ínsàit]

洞察(力)

insight into ... …についての洞察
☐ **insightful** 形 洞察力のある

---

865 ☐☐☐
courtesy
[kɑ́:rtəsi]

礼儀 ；厚意；優遇
☐ **courteous** 形 礼儀正しい

---

866 ☐☐☐
discretion
[dɪskréʃən]

裁量権 ；思慮分別

discretion to *do* …する裁量権

---

867 ☐☐☐
balance
[bǽləns]

差引残高　動 (の)釣り合いを取る

---

868 ☐☐☐
commerce
[kɑ́(:)mərs]

商業 ；貿易

形容詞編

869 ☐☐☐
substantial
[səbstǽnʃəl]

かなりの ；実体のある

■ a substantial amount of ... 相当な…
☐ **substantially** 副 大幅に；実質上

---

870 ☐☐☐
confidential
[kà(:)nfɪdénʃəl]

秘密の

---

871 ☐☐☐
hands-on
[hæ̀ndzɑ́(:)n]

実地の, 実際に参加する(≒ practical)

252

She helped students fill out **scholarship** applications.	彼女は学生が<u>奨学金</u>申請の書類を書くのを手伝った。
The article provides valuable **insights** <u>into</u> consumer trends.	その記事は，消費者の動向<u>について</u>貴重な<u>洞察</u>を与える。
The hotel staff treated me with **courtesy** and warmth.	ホテルのスタッフは私に，<u>礼儀</u>と暖かさを持って接してくれた。
Sales staff have **discretion** to offer a 15 percent discount to customers.	営業スタッフは顧客に15パーセントの割引を提供する<u>裁量権</u>を持つ。
This payment is not reflected in the **balance**.	この支払いが<u>差引残高</u>に反映されていない。
They are trying to promote local **commerce** and industry.	彼らは地元の<u>商業</u>と工業を促進しようとしている。
Students can purchase software at a **substantial** discount.	学生はソフトウェアを<u>かなりの</u>割引で購入できる。
All **confidential** documents are kept in a locked cabinet.	全ての<u>機密</u>書類は鍵のかかった戸棚に保管されている。
I have **hands-on** experience in operating audio equipment.	私は，音響機器を操作する<u>実地</u>経験がある。

Chapter 4 **Section 9** 形容詞編

---

872 □□□
eligible
[élɪdʒəbl]

資格のある
be eligible **to** *do* …する資格がある
‖ *be* eligible **for** ... …に対して資格がある

---

873 □□□
fiscal
[fískəl]

会計の，財政上の
fiscal year 会計年度

---

874 □□□
alert
[əlɚ́ːrt]

警戒して 名 警報；警戒 動 に警告する

---

875 □□□
alternative
発 ア [ɔːltɚ́ːrnətɪv]

代わりの 名 代替手段
□ **alternate** 形 代わりの；交互に起こる
□ **alternatively** 副 その代わりに

---

876 □□□
valid
[vǽlɪd]

有効な(⇔ invalid 無効な；根拠のない)；**正当な**
□ **validate** 動 が正しいと証明する

---

877 □□□
pharmaceutical
[fɑːrməsúːtɪkəl]

製薬の；薬剤の；薬学の
□ **pharmacy** 名 薬局；薬学
□ **pharmacist** 名 薬剤師

---

878 □□□
administrative
[ədmínəstrèɪtɪv]

管理の，経営の；行政の

---

879 □□□
numerous
[njúːmərəs]

多数の(≒ many, countless)

---

880 □□□
premium
発 [príːmiəm]

(他より)高級な 名 保険料
‖ insurance premium 保険料

254

He is **eligible** to take paid vacation days.	彼は有給休暇を取る**資格がある**。
The company is expected to double its revenue during the next **fiscal** year.	その会社は，次の**会計**年度中に収益を倍増させると予想される。
Passengers should be **alert** to suspicious packages.	乗客は不審な荷物に**警戒して**おくべきだ。
We have to find **alternative** parking spaces before the garage construction starts.	車庫の工事が始まる前に，私たちは**代わりの**駐車場を見つけなければならない。
You must present a **valid** driver's license when renting a car.	車を借りる時に，**有効な**運転免許を提示しなくてはならない。
It takes many years for a **pharmaceutical** company to develop a new drug.	**製薬**会社が新薬を開発するのには何年もかかる。
The executive director hired another **administrative** staff member.	その重役は，もう1人の**管理**スタッフを雇った。
The company has sponsored **numerous** community events.	その会社は**数多くの**地域行事のスポンサーになった。
We are a provider of **premium** professional camera products.	当社は**高級な**プロ用のカメラ製品を提供する会社です。

255

Chapter 4 **Section 9** 形容詞編

---

881 ☐☐☐
culinary
[kʌ́lənèri]

調理の， 台所の

---

882 ☐☐☐
exclusive
[ɪksklúːsɪv]

独占的な， 排他的な（⇔ inclusive 全てを含んだ）；
高級な
☐ **exclude** 動 を除く
☐ **exclusively** 副 独占的に

---

883 ☐☐☐
crucial
[krúːʃəl]

極めて重要な（≒ critical）；決定的な
be crucial to ... …に極めて重要である

---

884 ☐☐☐
diverse
[dəvə́ːrs]

多様な
☐ **diversity** 名 多様性
☐ **diversify** 動 (を)多様化する

---

885 ☐☐☐
municipal
アク [mjunísɪpəl]

地方自治の

---

886 ☐☐☐
overwhelming
[òuvərhwélmɪŋ]

圧倒的な；人を打ちのめす
☐ **overwhelm** 動 を圧倒する
☐ **overwhelmingly** 副 圧倒的に

---

887 ☐☐☐
tremendous
[trəméndəs]

(大きさ・量などが)とてつもない

---

888 ☐☐☐
consistent
[kənsístənt]

一貫した（⇔ inconsistent 一貫性のない；一致しない）；一致した
☐ **consistently** 副 一貫して

---

889 ☐☐☐
fragile
発 [frǽdʒəl]

壊れやすい

256

He was promoted to Executive Chef because of his excellent **culinary** skills.	彼は優れた調理技術のため、総料理長に昇進した。
The club's members have **exclusive** use of this facility on Mondays.	クラブの会員は、毎週月曜日にこの施設を独占的に使用します。
Customer satisfaction is **crucial** to business success.	顧客満足は、ビジネスの成功に極めて重要だ。
As a manager of the multinational company, he oversees a **diverse** staff.	多国籍企業の部長として、彼は多様なメンバーを監督する。
The town hall and other **municipal** buildings are located in this area.	市役所や他の市庁舎はこの地区にある。
The plan was approved by an **overwhelming** majority.	その計画は圧倒的多数の支持を得て承認された。
Building a bridge takes a **tremendous** amount of money.	橋の建設にはとてつもないお金がかかる。
The company is known for the **consistent** quality of its wines.	その会社はワインの品質が一貫していることで知られている。
This item is **fragile**, so please handle it with care.	この品物は壊れやすいので、注意して扱ってください。

257

Chapter 4 **Section 9** 形容詞編 副詞編

---

890 ☐☐☐
competent
発 ア [ká(:)mpətənt]

有能な (≒ capable) (⇔ incompetent 能力がない)

---

891 ☐☐☐
disposable
[dɪspóʊzəbl]

使い捨ての
☐ disposal 名 処分，廃棄

---

892 ☐☐☐
latter
[lǽtər]

後の (⇔ former 前の)
in the latter case 後者の場合は

---

893 ☐☐☐
massive
[mǽsɪv]

巨大な

---

894 ☐☐☐
renewable
[rɪnjúːəbl]

再生可能な ；更新できる
☐ renew 動 を新しくする；を更新する

---

895 ☐☐☐
understaffed
[ʌ̀ndərstǽft]

人員不足の

---

896 ☐☐☐
allergic
[əlɔ́ːrdʒɪk]

アレルギー (体質) の
be allergic to ... …にアレルギーがある
☐ allergy 名 アレルギー

---

897 ☐☐☐
controversial
[kà(:)ntrəvɔ́ːrʃəl]

論争の的となる
☐ controversy 名 論争，論議

副詞編

898 ☐☐☐
nevertheless
ア [nèvərðəlés]

それにもかかわらず (≒ nonetheless, however, still, yet)

258

He is a **competent** computer engineer.	彼は<u>有能な</u>コンピューター技術者だ。
The company stopped using **disposable** coffee cups.	その会社は<u>使い捨ての</u>コーヒーカップの使用をやめた。
In the **latter** case, the total price would be $3,200.	<u>後者の</u>場合，総額は3,200ドルです。
Thousands of workers will be needed to build the **massive** dam.	その<u>巨大</u>ダムを建設するには，数千人の労働者が必要だろう。
Some companies use **renewable** energy like solar power.	太陽電力のような<u>再生可能</u>エネルギーを利用する会社もある。
The clinic is a little **understaffed**.	その診療所は少し<u>人手不足</u>だ。
He is **allergic** to a particular food.	彼は特定の食べ物に<u>アレルギー</u>がある。
The **controversial** novel will be made into a movie.	その<u>論議を呼ぶ</u>小説は映画化される。
He worked hard. **Nevertheless**, he was unable to meet the deadline.	彼は懸命に働いた。<u>それにもかかわらず</u>，締め切りを守れなかった。

Chapter 4 Section 9 副詞編

899 □□□ **respectively** [rıspéktıvli]	**(述べられた順に)それぞれ** □ respective 形 それぞれの
900 □□□ **extremely** [ıkstrí:mli]	**極度に**, 極端に

The cup and plate cost $10 and $15 **respectively**.

コップと皿は<u>それぞれ</u>10ドルと15ドルです。

Your feedback on our product is **extremely** important to us.

当社製品についてのあなたのご意見は，私たちにとって<u>極めて</u>重要です。

■ 覚えておきたい多義語

TOEIC L&R テストでは，1つの単語のさまざまな意味が問われることがあります。Section 9で出てきた中で，特に覚えておきたい多義語，意外な意味を持つ多義語をチェックしましょう。

compose ⇨ 814 (p.240)

- **(を) 作曲する**

  He composed the music for the film.
  （彼はその映画の音楽を作曲した。）

- **を構成する**

  The city council is composed of 12 members.
  （市議会は12人のメンバーから成り立っている。）

compromise ⇨ 823 (p.242)

- **妥協する**

  We compromised slightly on price.
  （私たちは価格について少し妥協した。）

- **を損なう**

  Data leak compromised the company's reputation.
  （情報流出は会社の評判を悪くした。）

associate ⇨ 845 (p.248)

- **（仕事）仲間**

  We are looking for sales associates for a store.

  （当社は店舗で販売を担当する仲間を求めています。）

- **を結び付ける**

  Many people associate this brand name with high quality.

  （多くの人がこのブランド名から高品質を連想する。）

- **副…**

  He is an associate professor of art at the university.

  （彼はその大学の美術の准教授だ。）

literature ⇨ 860 (p.250)

- **文学（作品）**

  He has been teaching European literature for 20 years.

  （彼は20年間ヨーロッパ文学を教えている。）

- **（広告などの）印刷物**

  We will send you some sales literature on our products.

  （当社製品についての販売促進資料を送ります。）

Chapter 4 860点を目指す単語
Section 10

見出し語番号 901〜1000

動詞編

901 ☐☐☐
tailor
[téɪlər]

を**合わせる**；(服)を仕立てる　名**仕立て店**
tailor *A* to *B* A を B に合わせて作る

902 ☐☐☐
verify
[vérɪfàɪ]

(の正しさ)を**確かめる**(≒ confirm)
☐ verification 名 検証；確認

903 ☐☐☐
validate
[vǽlɪdèɪt]

が**正しいと証明する**，を有効にする
☐ valid 形 有効な

904 ☐☐☐
expedite
[ékspədàɪt]

(の進行)を**早める**(≒ speed up)

905 ☐☐☐
resolve
発 [rɪzá(:)lv]

を**解決する**(≒ solve)；を決心する
☐ resolution 名 決意；解像度

906 ☐☐☐
clarify
[klǽrəfàɪ]

を**明確にする**
☐ clarification 名 明確化

907 ☐☐☐
demolish
[dɪmá(:)lɪʃ]

(建物)を**破壊する**(≒ pull down, destroy)
☐ demolition 名 破壊，取り壊し

908 ☐☐☐
designate
[dézɪgnèɪt]

を**指定する**
▪ designate *A* as *B* A を B と指定する

264

▶ 動詞編 p.264	▶ 形容詞編 p.278
▶ 名詞編 p.270	▶ 副詞編 p.284

We can **tailor** the software to the needs of our clients.

当社は顧客のニーズに<u>合わせて</u>ソフトウェアを<u>作る</u>ことができる。

These financial documents need to be **verified**.

それらの財務関係の書類は正しいと<u>確かめる</u>必要がある。

Parking tickets can be **validated** at the front desk for free parking.

駐車券をフロントデスクで<u>認証すれ</u>ば，駐車料金が無料になります。

Shoppers can **expedite** the delivery by choosing the Express Shipping option.

買い物客は「急送」を選んで配達を<u>早める</u>ことができます。

This problem has not been **resolved** yet.

この問題は，まだ<u>解決されて</u>いない。

We have to **clarify** the cause of the accident.

私たちは，その事故の原因を<u>明確にし</u>なければならない。

The old building was **demolished** to create a park.

その古い建物は公園を作るために<u>取り壊された</u>。

The area has been **designated** for a parking lot.

その場所は駐車場に<u>指定されて</u>いる。

265

Chapter 4　Section 10　動詞編

909 □□□
refurbish
[riːfə́ːrbɪʃ]

を**改装する**(≒ renovate, remodel)；を**磨き直す**

910 □□□
aspire
[əspáɪər]

熱望する
aspire to *do* …することを熱望する
□ aspiring 形 …志願の；熱烈な

911 □□□
boost
[buːst]

を**押し上げる**　名 押し上げ；上昇，増大

912 □□□
boast
発 [boust]

(を)**自慢する**

913 □□□
commemorate
[kəmémərèɪt]

(記念日など)を**祝う**；を**追悼する**
□ commemorative 形 記念の

914 □□□
descend
[dɪsénd]

下る(⇔ ascend 上がる)

915 □□□
strive
[straɪv]

努力する
strive to *do* …しようと努力する
▥ strive for ... …を求めて努力する

916 □□□
substitute
発 [sʌ́bstɪtjùːt]

を**代わりに用いる**　名 代用品；代理人
形 代用の
substitute *A* for *B* *A* を *B* の代わりに用いる

917 □□□
surpass
[sərpǽs]

を**超える**

266

The manager discussed how to **refurbish** the office.	部長はオフィスをどのように改装するか検討した。
She **aspired** to become a great artist.	彼女は，偉大な芸術家になりたいと熱望していた。
The new theme park has **boosted** tourism in the area.	新しいテーマパークは，その地域の観光を押し上げた。
The city **boasts** many tourist attractions such as beaches and waterfalls.	その市はビーチや滝といった多くの観光名所が自慢だ。
A concert was held to **commemorate** the 100th anniversary of the poet's birthday.	その詩人の生誕100周年を祝って，コンサートが行われた。
The path **descends** to the creek.	その小道は小川へと下っていく。
We are always **striving** to improve our customer service.	私たちは常に顧客サービスを改善しようと努めています。
In this recipe, you can **substitute** yogurt for milk.	このレシピでは，ヨーグルトを牛乳の代わりに使うことができます。
January sales figures **surpassed** all our expectations.	1月の売り上げは私たち全員の期待を超えた。

267

Chapter 4 Section 10 動詞編

---

918 □□□
yield
[jiːld]

(利益など)(を)**生じる**；(を)産出する　图産出
(物)

---

919 □□□
distinguish
発 [dɪstíŋgwɪʃ]

を**区別する**
distinguish A from B A と B を区別する
□ **distinguished** 形 著名な；優れた

---

920 □□□
classify
[klǽsɪfàɪ]

を**分類する**
□ **classified** 形 極秘扱いの；分類された

---

921 □□□
collapse
[kəlǽps]

崩壊する；倒れる　图崩壊

---

922 □□□
commend
[kəménd]

を**称賛する**；を推薦する
commend A for B B のことで A を褒める
□ **commendable** 形 称賛に値する

---

923 □□□
convene
[kənvíːn]

を**招集する**；(委員などが)集まる

---

924 □□□
entitle
[ɪntáɪtl]

に**資格を与える**
be entitled to [to do] …の[する]資格がある

---

925 □□□
thrill
[θríl]

を**わくわくさせる**　图(感動・恐怖などで)ぞ
くぞくすること
be thrilled to do …することに興奮する

---

926 □□□
acclaim
[əkléɪm]

を**称賛する**；を(拍手喝采して)迎える　图絶賛

268

In the last quarter, the company yielded a profit of $5.2 million.	前四半期にその会社は520万ドルの利益を出した。
Our quality service distinguishes us from competitors.	当社の質の高いサービスが当社を競合企業から区別する。
These books are classified according to subject.	これらの本はテーマによって分類されている。
The old house is in danger of collapsing.	その古い家は倒壊する危険がある。
He was commended for his performance in the film.	彼はその映画における演技で称賛された。
The chairman convened a board meeting to discuss the matter.	会長はその件について話し合うために取締役会を招集した。
Members are entitled to 20 percent discount in the Museum shop.	会員は美術館の店で20パーセント割引を受ける資格がある。
I'm thrilled to be part of this great team.	私はこの素晴らしいチームの一員になることにわくわくしています。
The author was widely acclaimed for her novel *The Last Bird*.	その作家は小説『最後の鳥』で広く称賛された。

Chapter 4 Section 10　動詞編　名詞編

---

927 ☐☐☐
waive
[wéɪv]

（権利・要求など）を**放棄する**

名詞編

928 ☐☐☐
bustle
発 [bʌ́sl]

喧騒，せわしない動き

929 ☐☐☐
banquet
[bǽŋkwət]

（正式の）宴会，祝宴

930 ☐☐☐
convention
[kənvénʃən]

代表者会議；慣習
▦ convention hall 会議場

931 ☐☐☐
directory
[dəréktəri]

名簿

932 ☐☐☐
apparel
発 [əpǽrəl]

（集合的に）衣服（≒ clothes, clothing, attire, outfit）

933 ☐☐☐
furnishing
[fə́ːrnɪʃɪŋ]

(-s)（家・部屋の）家具，**（カーテンなどを含む）調度品**，備品
☐ **furnish** 動 （家具などを家・部屋）に備えつける

934 ☐☐☐
boulevard
ア [búləvàːrd]

大通り；広い並木道
▦ 街路名は Boulevard となり, Blvd. と略されることもある。

935 ☐☐☐
nursery
発 [nə́ːrsəri]

苗床；託児所

270

Conference registration fees are waived for volunteers.	ボランティアをする方は会議の参加費の支払いが放棄（＝免除）されます。
The Crown Resort is a perfect place to escape the bustle of the city.	クラウンリゾートは都会の喧騒から逃れるのにぴったりの場所です。
The company held a banquet to celebrate its 50th anniversary.	その会社は創立50周年を祝って宴会を開いた。
The National Movie Society will hold an annual convention from 12 to 15 May.	全国映画協会は，5月12日から15日に年次会議を開催する。
This employee directory needs to be updated.	この従業員名簿は，最新にする必要がある。
The store sells a full range of women's apparel.	その店は，あらゆる婦人服を売る。
The guest room features beautiful antique furnishings.	その客室は美しいアンティークの家具が特徴です。
The shopping center is located on Sunrise Boulevard.	ショッピングセンターはサンライズ大通りにある。
Wilson Gardening provides customers with quality nursery plants.	ウィルソンガーデニングは，顧客に質の高い苗を提供します。

271

Chapter 4　Section 10　名詞編

---

936 ☐☐☐
upholstery
[ʌphóulstəri]

いす張りの材料
▓ いす・ソファー等の張り布や詰め物など。

---

937 ☐☐☐
compliance
[kəmpláɪəns]

(規則・法令などの)順守；コンプライアンス
in compliance with ... …を順守して，…に従って

---

938 ☐☐☐
criterion
発 [kraɪtíəriən]

(判断・評価の)基準(≒ standard)
criterion for ... …の基準
▓ 複数形は criteria [kraɪtíəriə]。

---

939 ☐☐☐
garment
[gáːrmənt]

衣料品(≒ clothes)

---

940 ☐☐☐
heritage
発 [hérətɪdʒ]

遺産，伝統；相続財産

---

941 ☐☐☐
anecdote
[ǽnɪkdòut]

逸話

---

942 ☐☐☐
applause
発 [əplɔ́ːz]

拍手喝采
☐ **applaud** 動 (に)拍手する

---

943 ☐☐☐
chamber
発 [tʃéɪmbər]

(協会などの)会議所
chamber of commerce 商工会議所

---

944 ☐☐☐
infrastructure
[ínfrəstrʌ̀ktʃər]

インフラ，生活の基盤となる道路や鉄道・上下水道・発電所などの設備・施設

272

The upholstery of the sofa is dark gray.	このソファーの張り生地は濃い灰色です。
We're working hard to stay in compliance with all environmental regulations.	当社は全環境規制を順守したままでいるよう懸命に努力している。
Lisa meets the criteria for promotion to sales manager.	リサは営業部長へ昇進する基準を満たしている。
The garment industry has grown by 10 percent in the past three years.	衣料産業は過去3年間で10パーセント成長した。
This festival celebrates the heritage of the island.	このお祭りは，その島の文化遺産を祝うものだ。
He told the audience an anecdote about his trip to Mexico.	彼は，メキシコ旅行についての逸話を観客に話した。
He ended the speech amid applause from the audience.	彼は聴衆からの拍手喝采の中でスピーチを終えた。
She belongs to the local chamber of commerce.	彼女は地元の商工会議所のメンバーだ。
The company hopes to take part in the city's transport infrastructure project.	その会社は，市の輸送インフラ事業に参加することを望んでいる。

273

Chapter 4　Section 10　名詞編

945 ☐☐☐
utility
[juːtíləti]

（ガス・水道・電気などの）公益事業
utility bill 公共料金の請求書

---

946 ☐☐☐
attire
[ətáɪə*r*]

衣服（≒ clothes）

---

947 ☐☐☐
attorney
[ətə́ː*r*ni]

弁護士（≒ lawyer）

---

948 ☐☐☐
consequence
[ká(ː)nsəkwens]

結果
▦ in [as a] consequence (of ...) （…の）結果
☐ **consequently** 副 その結果として

---

949 ☐☐☐
courier
[kə́ːriə*r*]

宅配便業者

---

950 ☐☐☐
expenditure
[ɪkspéndɪtʃə*r*]

支出（額）（≒ spending, outlay）（⇔ revenue 歳入，収入）
☐ **expend** 動 を費やす

---

951 ☐☐☐
expiration
発 [èkspəréɪʃən]

有効期限
expiration date 期限満了の日

---

952 ☐☐☐
feasibility
[fìːzəbíləti]

実行可能性（≒ possibility, viability）
☐ **feasible** 形 実現可能な

---

953 ☐☐☐
flaw
発 [flɔː]

欠点，欠陥；傷

274

We installed solar panels to reduce our **utility** bills.	私たちは, 公共料金(=電気代) を減らすためにソーラーパネルを設置した。
You don't have to wear business **attire** in this office.	この事務所ではビジネス用の服を着なくてもよい。
I began working as a corporate **attorney** at a law firm.	私は, 法律事務所で企業弁護士として働き始めた。
Higher retail prices have negative **consequences** on sales.	小売価格の値上げは売り上げにマイナスの結果をもたらす。
We will send the package by **courier**.	当社は荷物を宅配便で送ります。
The management is trying to reduce annual **expenditures**.	経営陣は年間支出額を減らそうとしているところだ。
The **expiration** date of the contract has passed.	その契約の期限満了の日が過ぎた。
They've studied the **feasibility** of the proposed project.	彼らは, 提案された事業の実行可能性を検討してきた。
Engineers corrected **flaws** in the Web site design.	エンジニアたちは, ウェブサイトの設計の欠点を修正した。

Chapter 4 **Section 10** 名詞編

---

954 ☐☐☐
logistics
[loʊdʒístɪks]

物流管理；後方支援業務

---

955 ☐☐☐
margin
[máːrdʒɪn]

利ざや；縁（ふち）；余白

---

956 ☐☐☐
periodical
[pìəriá(ː)dɪkəl]

定期刊行物，雑誌　形 定期的な
☐ periodic 形 周期的な；断続的な
☐ periodically 副 周期的に；定期的に

---

957 ☐☐☐
perspective
[pərspéktɪv]

観点（≒ viewpoint, point of view）；全体像

---

958 ☐☐☐
premise
発 [prémɪs]

(-s) (土地・付属物付きの)建物，構内；
前提
on the premises 敷地内で

---

959 ☐☐☐
array
[əréɪ]

整列，配列
an array of ... ずらりと並んだ…

---

960 ☐☐☐
auditor
[ɔ́ːdətər]

監査役

---

961 ☐☐☐
consolidation
[kənsɑ̀(ː)lɪdéɪʃən]

統合，合併；強化

---

962 ☐☐☐
deficit
[défəsɪt]

赤字，不足(⇔ surplus 余剰，余り)

276

They discussed the logistics of the ad campaign.	彼らは, 広告キャンペーンの物流管理について話し合った。
Our profit margins declined due to rising costs of raw materials.	原料費高騰のため, 当社の利ざやは減った。
The library subscribes to more than 600 periodicals.	その図書館は600を超える定期刊行物を取っている。
I learned to see things from a global perspective.	私は物事をグローバルな観点から見ることを学んだ。
Our salads are prepared daily on the premises.	当店のサラダは毎日敷地(=店)内で作られています。
Check out our Web site to see the full array of our products.	ずらりと並んだ全商品を見るために当社のウェブサイトをチェックしてください。
Two auditors inspected the plant and interviewed some workers.	2名の監査人が工場を立ち入り検査し, 何人かの労働者と面接した。
The company saved money through the consolidation of departments.	会社は部門統合によってお金を節約した。
The city is facing a $800,000 budget deficit.	市は80万ドルの財政赤字に直面している。

277

Chapter 4 Section 10 名詞編 形容詞編

---

963 □□□
detour
[díːtùər]

回り道

take a detour 遠回りする

---

964 □□□
obligation
[à(ː)blɪɡéɪʃən]

義務, 責務

□ obligate 動 に義務を負わせる；に感謝の念を抱かせる

---

965 □□□
plaque
[plæk]

(賞・記念の)盾

---

966 □□□
vicinity
[vəsínəti]

近所

in the vicinity of ... …の近くに

---

967 □□□
apprentice
[əpréntɪs]

見習い

---

968 □□□
duplicate
[djúːplɪkət]

写し, 複製 動 の写しを作る；を繰り返す

‖ 動詞は発音が異なり, [djúːplɪkèɪt] となる。

形容詞編

969 □□□
complimentary
[kà(ː)mpləméntəri]

無料の(≒ free)；称賛の

---

970 □□□
contemporary
[kəntémpərèri]

現代の；同時代に存在する

---

971 □□□
relevant
[réləvənt]

関係のある

During the roadwork we have to take a detour.	道路工事の間，私たちは遠回りしなければならない。
We have a moral obligation to our customers.	私たちは顧客に対して道義的義務がある。
The award winner was presented with a plaque and flowers.	受賞者は盾と花を贈られた。
In the vicinity of the hotel, there are many cafés.	ホテルの近くには，たくさんのカフェがある。
The company is planning to take on apprentices.	その会社は見習いを取る予定だ。
This is a duplicate of the invoice we sent you last week.	これは先週あなたに送った請求書の写しです。
There were complimentary plastic bottles of water in our hotel room.	私たちのホテルの部屋には，無料のペットボトル入りの水があった。
This exhibition includes the work of contemporary artists.	この展覧会には，現代画家たちの作品が含まれている。
He gathered the relevant information about the scholarship.	彼はその奨学金についての関連情報を集めた。

Chapter 4 Section 10 形容詞編

972 ☐☐☐
critical
[krítɪkəl]

重大な, 決定的な (≒ crucial)；批判の

973 ☐☐☐
adequate
発 アク [ǽdɪkwət]

(目的・要求などに)十分な (≒ sufficient)；
適切な
☐ **adequately** 副 適切に；十分に

974 ☐☐☐
adjacent
発 [ədʒéɪsənt]

隣接した
adjacent to ... …に隣接した

975 ☐☐☐
distinct
[dɪstíŋkt]

はっきりと異なる
☐ **distinction** 名 区別；相違
☐ **distinctive** 形 明確に区別できる；特有の

976 ☐☐☐
preliminary
アク [prɪlímənèri]

予備の；前置きの

977 ☐☐☐
comprehensive
[kà(:)mprɪhénsɪv]

包括的な

978 ☐☐☐
considerable
[kənsídərəbl]

かなりの (≒ substantial)
☐ **considerably** 副 かなり

979 ☐☐☐
prestigious
発 アク [prestí:dʒəs]

一流の, 名声のある

980 ☐☐☐
subsequent
アク [sʌ́bsɪkwənt]

次の, 後の
subsequent to ... …の後で
☐ **subsequently** 副 その後 (に)

280

Good communication skills are **critical** to your success.	優れたコミュニケーション能力はあなたが成功するために極めて重要です。
I didn't have **adequate** time to prepare for the presentation.	プレゼンの準備をするための十分な時間がなかった。
They work in the building **adjacent** to the post office.	彼らは郵便局に隣接したビルで働いている。
The two products are quite **distinct** in shape and size.	その2つの製品は，形と大きさが全く異なる。
After **preliminary** interviews, we selected five candidates for the post.	予備面接の後，私たちはその職に対する5人の候補者を選んだ。
This book is a **comprehensive** study of Asian food cultures.	この本はアジアの食文化を包括的に研究したものだ。
Moving an office takes **considerable** time and effort.	事務所の引っ越しは，かなりの時間と労力を要する。
She studied computer science at a **prestigious** university.	彼女は一流大学でコンピューターサイエンスを学んだ。
He took a factory tour on the day **subsequent** to his arrival.	彼は，到着した翌日に工場見学をした。

281

Chapter 4　Section 10　形容詞編

981 ☐☐☐
anonymous
[əná(:)nɪməs]

匿名の
☐ anonymously 副 匿名で

982 ☐☐☐
authentic
[ɔːθéntɪk]

本物の(≒ genuine)
☐ authenticity 名 本物であること，確実性

983 ☐☐☐
consecutive
[kənsékjʊtɪv]

連続した(≒ successive)
☐ consecutively 副 連続して

984 ☐☐☐
equivalent
🔊[ɪkwívələnt]

同等の 名 同等のもの
equivalent to ... …に相当する；…と同等で

985 ☐☐☐
intuitive
🔊[ɪntjúːətɪv]

直感で理解できる
☐ intuition 名 直感

986 ☐☐☐
proportional
[prəpɔ́ːrʃənəl]

比例する；釣り合った
be proportional to ... …に比例する
☐ proportion 名 割合；釣り合い
☐ proportionally 副 比例的に

987 ☐☐☐
rigorous
[rígərəs]

厳しい(≒ strict)

988 ☐☐☐
sophisticated
🔊[səfístɪkèɪtɪd]

非常に高度な；洗練された

989 ☐☐☐
tentative
[téntətɪv]

仮の(≒ provisional)(⇔ definite 明確な；確実な)
☐ tentatively 副 暫定的に

282

This survey is **anonymous**, so that you can give us honest feedback.	この調査は**匿名**なので，正直なフィードバックをお願いします。
The restaurant serves **authentic** French cuisine.	そのレストランは**本物の**フランス料理を出す。
It has been snowing for five **consecutive** days.	5日間**続けて**雪が降っている。
They will get a bonus **equivalent** to three months' pay.	彼らは月給3カ月に**相当する**ボーナスをもらう。
The Web site design is easy to use and **intuitive**.	このウェブサイトの設計は使いやすくて**直感的に理解できる**。
The discount of an item is **proportional** to its original price.	品物の割引は元の価格に**比例します**。
The hotel has a **rigorous** training program for its staff.	そのホテルはスタッフに対する**厳しい**研修プログラムを持つ。
The firm installed a **sophisticated** security system.	その会社は**高度な**防犯システムを設置した。
Here is the **tentative** schedule for our annual conference.	こちらが年次会議の**仮**スケジュールです。

Chapter 4 **Section 10** 形容詞編 副詞編

---

990 □□□
adverse
発 [ædvə́ːrs]

都合の悪い；逆の
adverse weather 悪天候
□ **adversely** 副 逆に；不利に

---

991 □□□
continual
[kəntínjuəl]

断続的な（≒ constant）
□ **continually** 副 絶えず，継続的に
□ **continuous** 形 つながった，連続した

---

992 □□□
extraordinary
発 [ɪkstrɔ́ːrdənèri]

並外れた，異常な

---

993 □□□
optimistic
[à(ː)ptɪmístɪk]

楽観的な（⇔ pessimistic 悲観的な）
be optimistic about ... …について楽観的である

---

994 □□□
visible
[vízəbl]

目に見える（⇔ invisible 見えない）

---

995 □□□
elaborate
発 アク [ɪlǽbərət]

精巧な 動 を精巧に作る；詳細に述べる
● 動詞は発音が異なり，[ɪlǽbərèɪt] となる。

副詞編

996 □□□
intermittently
[ìntərmítəntli]

断続的に
□ **intermittent** 形 断続的な

---

997 □□□
arguably
[áːrɡjuəbli]

ほぼ間違いなく，おそらく

---

998 □□□
indefinitely
[ɪndéfənətli]

無期限に，漠然と
□ **indefinite** 形 不定の；不明確な

284

The **adverse** weather is expected to last for several days.	悪天候は数日続くと予想されます。
We make a **continual** effort to improve our products.	当社は製品を改良するために継続的な努力をしています。
He is an **extraordinary** musician with his own unique style.	彼は自分独自のスタイルを持つ並外れた音楽家だ。
They are **optimistic** about the company's future.	彼らは会社の将来について楽観的だ。
The office building is **visible** from the main street.	そのオフィスビルは，大通りから見える。
The carpet has **elaborate** patterns of leaves.	そのカーペットには精巧な葉の模様がある。
The rain has been falling **intermittently** since yesterday.	昨日から断続的に雨が降り続いている。
Arguably, this is the best restaurant in town.	ほぼ間違いなく，ここは町で一番のレストランです。
The project was postponed **indefinitely**.	そのプロジェクトは無期限に延期された。

Chapter 4　Section 10　副詞編

---

999 ☐☐☐
unanimously
[juːnǽnɪməsli]

満場一致で
☐ unanimous 形 満場一致の

1000 ☐☐☐
deliberately
[dɪlíbərətli]

故意に ; 慎重に

286

| The proposal was approved **unanimously** by the board. | その提案は取締役会により満場一致で承認された。 |
| The speaker **deliberately** avoided the subject of politics. | 話し手は故意に政治の話題を避けた。 |

覚えておきたい多義語

TOEIC L&R テストでは，1つの単語のさまざまな意味が問われることがあります。Section 10 で出てきた中で，特に覚えておきたい多義語，意外な意味を持つ多義語をチェックしましょう。

- -

premise ⇨ **958**(p.276)

▪ **（土地・付属物付きの）建物**

Our salads are prepared daily on the premises.

（当店のサラダは毎日店内で作られています。）

▪ **前提**

The basic premise of the company is that we are offering health goods.

（その会社の基本的な前提は，健康器具を提供することだ。）

Column
求人広告で気を付けたい語

Part 7で求人広告が出題され，そこで示された資格やスキルなどが必要なのか，（なくてもよいが）あれば望ましいのかを正しく理解して正解を選ぶ設問が出ることがあります。それぞれどのような語が使われるかを見てみましょう。

（1）必ず必要な場合
広告の **requirements**「要件」の項目に書かれたり，Fluency in English **is required**.（堪能な英語力が必須です。）のような英文で述べられたりします。形容詞 required「必須の」の部分は **necessary**「必要な」，**essential**「必須の，最も重要な」や名詞句 **a must**「不可欠のもの」などが使われます。

（2）あれば望ましい場合
Previous experience **is preferred**.（以前の経験があれば望ましい）のような英文で述べられます。形容詞 preferred「望ましい，優先の」の部分は他に **desired**「望ましい」，**advantageous**「有利な」や名詞句 **a plus**「利点」などが使われれます。

290

Chapter 5

熟語

Section 11 292

Chapter 5 熟語

Section 11

見出し語番号 1001〜1100

1001 ☐☐☐
turn on ...

(機械・電気製品)をオンにする
(≒ switch on ...) (⇔ turn off ... …を消す)

1002 ☐☐☐
get on ...

(乗り物)に乗る (≒ board) (⇔ get off ... （乗り物)から降りる)
⊞ get in [into] ... （車)に乗る

1003 ☐☐☐
give ... a ride

…を車に乗せてやる
⊞ ride の代わりに lift を使うこともある。

1004 ☐☐☐
pick up ...

…を買う (≒ buy, get)；**…を途中で車に乗せる**

1005 ☐☐☐
drop off ...

…を(途中で)降ろす (⇔ pick up ... …を途中で車に乗せる)

1006 ☐☐☐
stop by ...

…に立ち寄る (≒ drop by ...)

1007 ☐☐☐
fill out [in] ...

(必要事項を全て)…に記入する
(≒ complete)

292

Can you **turn on** the light?	電灯をつけてくれますか。
They are **getting on** a bus at a bus stop.	彼らは停留所でバスに乗車しているところだ。
Could you **give** me **a ride** to the office?	事務所まで私を乗せてくださいますか。
We **picked up** some food at the store.	私たちはその店で食べ物を買った。
I'll **drop off** some samples at a client's office on my way home.	帰宅途中に顧客の事務所に寄ってサンプルを置いていきます。
He **stopped by** the store on his way home from work.	彼は仕事の帰りにその店に立ち寄った。
Please **fill out** the questionnaire and put it in this box.	アンケートに記入してこの箱に入れてください。

Chapter 5 Section 11

1008 □□□ look over ...	…にざっと目を通す (≒ browse through ...)
1009 □□□ go over ...	…を (注意深く) 調べる (≒ review)
1010 □□□ look into ...	(問題など) を調べる (≒ investigate)
1011 □□□ draw up ...	(文書など) を作成する
1012 □□□ take on ...	(仕事など) を引き受ける (≒ undertake)
1013 □□□ work on ...	…に取り組む
1014 □□□ carry out ...	…を実行する (≒ implement)
1015 □□□ figure out ...	…が分かる, …を理解する (≒ work out ...)

294

Please **look over** this catalog, and let me know what you think.	このカタログにざっと目を通して，あなたの意見を聞かせて。
Let's **go over** the details of our presentation again.	もう一度私たちのプレゼンの詳細をよく見てみよう。
I'll **look into** this matter and get back to you.	この件を調べてあらためて連絡します。
She is **drawing up** a list of candidates for the job.	彼女はその職に対する候補者のリストを作成している。
She is always willing to **take on** a new task.	彼女はいつも喜んで新しい仕事を引き受ける。
She is **working on** developing a new app.	彼女は新しいアプリの開発に取り組んでいる。
We regularly **carry out** safety inspections on the machinery.	私たちは定期的に機械の安全点検を行う。
The mechanic finally **figured out** what was causing the strange noise.	機械工はついにその奇妙な音の原因が分かった。

295

Chapter 5 **Section 11**

1016 □□□ **make sure ...**	確実に…する（≒ ensure）；…を確かめる
1017 □□□ **depend on ...**	…次第である；…に頼る
1018 □□□ **account for ...**	…（の割合）を占める
1019 □□□ **call off ...**	（予定の催しなど）を中止する（≒ cancel）
1020 □□□ **coincide with ...**	…と同時に起こる
1021 □□□ **lay out ...**	…を明確に述べる；…を広げる
1022 □□□ **make it to ...**	…にたどり着く
1023 □□□ **make sense**	道理にかなう

Make sure to keep all receipts from your business trip.	出張時の領収書は全て**必ず**取っておく**ように**。
The shipping cost **depends on** the weight of your order.	送料は，注文品の重さ**次第**です。
Online sales **account for** 60 percent of the company's revenue.	オンラインでの売り上げは，会社の収入の60パーセント**を占める**。
The tennis match was **called off** due to heavy rain.	テニスの試合は大雨のために**中止された**。
The campaign was launched to **coincide with** a public holiday.	そのキャンペーンは祝日**と同時に**開始された。
Anne **laid out** her business plan in front of investors.	アンは投資家たちの前で事業計画**を明確に述べた**。
Everybody **made it to** the meeting despite the bad weather.	悪天候にもかかわらず，全員が会議**に来ることができた**。
It **makes sense** to build a hotel when the number of tourists is increasing.	観光客が増えているときにホテルを建設するのは**理にかなっている**。

297

Chapter 5 **Section 11**

1024 □□□
pay off

(努力・投資などが)実を結ぶ

1025 □□□
report to ...

(人)の直属である；(場所)に出向く

◼ Volunteers should **report to** the site office at 9 o'clock. ボランティアは 9 時に現場事務所に来ること。

1026 □□□
**see
if[whether]
...**

…かどうか見てみる

1027 □□□
set aside ...

…を取っておく

1028 □□□
**step down
as[from] ...**

(高い地位など)から辞職する

(≒ resign, quit)

1029 □□□
take effect

(法律などが)効力を生じる

1030 □□□
**take over
(...)**

(義務・責任など)(を)引き継ぐ

1031 □□□
take place

行われる(≒ occur)

298

His hard work **paid off** and he became a branch manager.	懸命な仕事が実を結び，彼は支店長になった。
The person in this position will **report to** the sales manager.	この職に就く人は販売部長に直属です。
I'll contact Jim to **see if** he can attend the meeting.	会議に出席できるかどうかを見るために，ジムに連絡を取ります。
I've **set aside** time to review the report.	その報告書を見直す時間を取っておいた。
Mike Porter is **stepping down as** president.	マイク・ポーターは社長の地位から辞職する。
The new office rules **take effect** on February 1.	オフィスの新規則は2月1日に発効する。
After Mary left the company, John **took over** her job.	メアリーが会社を辞めた後，ジョンが彼女の仕事を引き継いだ。
The award ceremony will **take place** at this hotel.	授賞式はこのホテルで行われる。

299

Chapter 5 Section 11

1032 ☐☐☐
throw away ...

…を捨てる (≒ discard, get rid of ...)

1033 ☐☐☐
try on ...

…を試着する

1034 ☐☐☐
turn around ...

…を好転させる；好転する

▦ 名詞は，turnaround「(良い方向への)転換」。

1035 ☐☐☐
sign up for ...

(署名して)…に申し込む (≒ apply for ...)

1036 ☐☐☐
run out of ...

…を切らす

1037 ☐☐☐
come up with ...

(アイデアなど)を思い付く (≒ think of ...)

1038 ☐☐☐
get back to ...

(人)にあらためて連絡する

▦ call back ...「…に電話をかけ直す」と言い換えられることがある。

1039 ☐☐☐
look forward to ...

…を楽しみに待つ

▦ to は前置詞なので後に続くのは(動)名詞。

Don't **throw away** plastic bottles. They can be recycled.	ペットボトル<u>を捨て</u>ないでください。リサイクルできます。
The man is **trying on** a jacket.	男性はジャケット<u>を試着している</u>。
The new CEO **turned around** the company within one year.	新しいCEOは1年もしないうちに会社<u>を好転させた</u>。
I **signed up for** a time-management seminar.	私は時間管理セミナー<u>に申し込んだ</u>。
We're **running out of** paper for the copy machine.	コピー機用の紙<u>を切らし</u>かけている。
He **came up with** an idea for a new product.	彼は新製品のアイデア<u>を思い付いた</u>。
I'll **get back to** you with an answer to your question by tomorrow.	あなたの質問に対する答えは，明日までに<u>あらためて連絡します</u>。
I **look forward to** seeing you again.	またお会いするの<u>を楽しみにしております</u>。

301

Chapter 5 Section 11

1040 ☐☐☐
keep up with ...

…に遅れずについていく

※ catch up with ... 「…に追い付く」と区別する。

1041 ☐☐☐
make up for ...

…を埋め合わせる（≒ compensate for ...）；
…を補う

1042 ☐☐☐
speak highly of ...

…を称賛する

1043 ☐☐☐
take a day off

1日休みを取る

※ a day の部分は a half day, three days, a week など, 期間を表す言葉に置き換えることができる。

1044 ☐☐☐
take advantage of ...

…をうまく利用する

1045 ☐☐☐
take care of ...

…に対処する（≒ deal with ... , cope with ...）；
…の世話をする

1046 ☐☐☐
take ... into account

…を考慮に入れる（≒ take ... into consideration）

1047 ☐☐☐
keep ... in mind

…を心に留める

※ keep in mind that ... 「…ということを心に留めておく」の形もある。

302

We always try to **keep up with** advances in technology.	私たちは技術の進歩に遅れずについていくよう常に努めています。
They are trying hard to **make up for** the loss.	その損失を埋め合わせようと彼らは頑張っている。
Meg's clients always **speak highly of** her.	メグの顧客はいつも彼女のことを称賛する。
I'm planning to **take a day off** next week.	来週1日休みを取るつもりです。
First-time home buyers can **take advantage of** special loan programs.	初めての住宅購入者は，特別な融資プログラムをうまく利用することができます。
I have a lot of paperwork to **take care of**.	私には処理するべき文書業務がたくさんある。
We have to **take** cultural differences **into account** when entering foreign markets.	海外市場に参入するときは，文化の違いを考慮に入れなければならない。
Keep the time difference **in mind** when making international calls.	国際電話をかけるときは時差に留意すること。

303

Chapter 5 **Section 11**

1048 ☐☐☐
take part in ...

…に参加する (≒ participate in ... , attend)

1049 ☐☐☐
pass out ...

…を配る (≒ hand out ... , distribute)

1050 ☐☐☐
be **hit hard**

大打撃を受ける

1051 ☐☐☐
office supplies

事務用品 (≒ stationery)
▪ 筆記用具や紙などの消耗品を指す。

1052 ☐☐☐
box office

(劇場などの)チケット売り場

1053 ☐☐☐
real estate

不動産

1054 ☐☐☐
the board of directors

取締役会

1055 ☐☐☐
a number of ...

いくつかの… (≒ several)
▪ a を the にした the number of ... は「…の数」。

304

Nearly 100 companies **took part in** the conference.	100社近くがその会議に参加した。
Could you help me **pass out** these handouts?	これらの資料を配布するのを手伝ってくれますか。
The city has **been hit hard** by the closure of several major factories.	その街はいくつかの大規模工場の閉鎖により大打撃を受けている。
Please tell me if you need any **office supplies**.	何か事務用品が必要なら，私に言ってください。
They are waiting in line at the **box office**.	彼らはチケット売り場で並んで待っている。
He hired a **real estate** agent to sell his home.	彼は自宅を売るために，不動産業者を雇った。
The board of directors approved the merger plan.	取締役会はその合併案を承認した。
There are **a number of** museums in the city.	その街にはいくつかの美術館がある。

305

Chapter 5   Section 11

1056 ☐☐☐
out of town

町を離れて

1057 ☐☐☐
out of service

操業休止中で (⇔ in service 操業中で)；(携帯電話が) 圏外で

1058 ☐☐☐
a couple of ...

2 つの…；2, 3 の…

▓ 具体的な数より「少数」であることがポイントなので，2〜3 より多い数の意味で使われる場合もある。

1059 ☐☐☐
a variety of ...

さまざまな…

1060 ☐☐☐
on duty

勤務時間中で (⇔ off duty 勤務時間外で)

1061 ☐☐☐
on hand

近くにいて

1062 ☐☐☐
quite a few ...

かなり多数の…

1063 ☐☐☐
on time

時間通りに

306

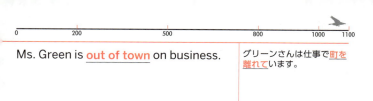

Ms. Green is <u>out of town</u> on business.	グリーンさんは仕事で<u>町を離れて</u>います。
The elevator is currently <u>out of service</u>.	エレベーターは現在<u>運転休止中</u>だ。
I have <u>a couple of</u> questions to ask you.	あなたに伺いたい質問が<u>2つ</u>あります。
This magazine covers <u>a variety of</u> topics.	この雑誌は<u>さまざまな</u>話題を取り上げる。
They are supposed to be <u>on duty</u> until 10 P.M.	彼らは午後10時まで<u>勤務中</u>のはずだ。
In the gym, our staff are always <u>on hand</u> to help you.	ジムでは，あなたの手助けをするために，常にスタッフが<u>近くに</u>います。
There were <u>quite a few</u> people in the city hall.	市役所には<u>かなり多くの</u>人々がいた。
The flight has arrived <u>on time</u>.	その便は<u>時間通りに</u>到着した。

Chapter 5 **Section 11**

1064 ☐☐☐
in time for ...

…に間に合って

■ in time「間に合って」, in time to *do*「…するのに間に合って」もまとめて覚えよう。

1065 ☐☐☐
right away

すぐに（≒ immediately）

1066 ☐☐☐
in person

本人が直接出向いて

1067 ☐☐☐
in short

要約すると， 手短に言うと（≒ briefly）

1068 ☐☐☐
in the long run

長い目で見れば（⇔ in the short run 短期的には）

1069 ☐☐☐
in the meantime

その間に

1070 ☐☐☐
in writing

書面で

1071 ☐☐☐
***be* in charge of ...**

…を担当している（≒ *be* responsible for ...）

308

They arrived **in time for** the meeting.	彼らはその会議に間に合うように到着した。
I'll send the documents by e-mail **right away**.	すぐに書類をEメールで送ります。
Donations can be made **in person** at our office.	寄付は当事務所に本人が直接出向いてすることができる。
In short, we need more staff.	要するに，私たちはもっとスタッフが必要だ。
Buying expensive items can save money **in the long run**.	高額な品物を買うことは，長い目で見ればお金の節約になり得る。
They'll be here soon. **In the meantime**, can you help me with the projector?	彼らは間もなく来ますよ。その間に，プロジェクターのことで手助けしてくれますか。
We need to have your request **in writing**.	あなたの要望を文書でもらう必要があります。
She **is in charge of** hiring new employees.	彼女は新入社員の採用を担当している。

309

Chapter 5 **Section 11**

1072 ☐☐☐
be about to *do*

まさに…しようとしている

1073 ☐☐☐
be supposed to *do*

…することになっている（≒ *be* expected to *do*）

1074 ☐☐☐
be subject to …

…の対象となる

‣ to は前置詞なので，後ろには名詞が続く（この例文の場合，change は名詞）。

1075 ☐☐☐
in spite of …

…にもかかわらず（≒ despite）

1076 ☐☐☐
on *one's* way to …

…に行く途中で

1077 ☐☐☐
instead of …

…の代わりに

1078 ☐☐☐
next to …

…の隣に（≒ close to … , adjacent to …）

‣ next to each other 隣同士に

1079 ☐☐☐
according to …

…によれば

310

He **was about to** leave the office to go home.	彼は家へ帰るためにまさに事務所を出ようとしていた。
The package **was supposed to** arrive yesterday evening.	その荷物は昨日の晩に届くはずだった。
Prices **are subject to** change without notice.	価格は予告なしの変更の対象となります（＝予告なしに変わることがあります）。
In spite of the rain, the game was played as scheduled.	雨にもかかわらず，その試合は予定通りに行われた。
She bought a cup of coffee **on** her **way to** the office.	彼女は事務所へ行く途中でコーヒーを1杯買った。
We went to the airport by train **instead of** taking a taxi.	私たちはタクシーを利用する代わりに電車で空港へ行った。
The hotel is **next to** the train station.	ホテルは駅の隣です。
According to its government, the country's population has increased.	政府によると，その国の人口は増加している。

Chapter 5 Section 11

1080 ☐☐☐
due to ...
…が原因で (≒ because of ... , owing to ...)

1081 ☐☐☐
along with ...
…と一緒に (≒ together with ...)

1082 ☐☐☐
in terms of ...
…に関して (≒ with [in] regard to ... , regarding)

1083 ☐☐☐
aside [apart] from ...
…を除いては (≒ except for ...)

1084 ☐☐☐
in the event of ...
…の場合には (≒ in case of ...)

1085 ☐☐☐
on behalf of ...
…を代表して，…に代わって

1086 ☐☐☐
in accordance with ...
…に従って

1087 ☐☐☐
to this end
この (目的の) ために
▓ この end は「目的」という意味。

312

Roads are slippery **due to** last night's snow.	昨夜の雪が原因で道路は滑りやすい。
We are enclosing our latest catalog **along with** the price list.	当社の最新カタログを価格表と一緒に封入（＝同封）いたします。
In terms of after-sales service, this company is excellent.	アフターサービスに関して，この会社は優れている。
Aside from a few misspellings, the report is excellent.	少しのスペルミスを除いては，その報告書は素晴らしい。
In the event of rain, the promotional event will be held indoors.	雨天の場合は，販促イベントは屋内で催される。
I thank you **on behalf of** my colleagues.	同僚たちを代表して，あなたにお礼を申し上げます。
Your personal data is processed **in accordance with** our privacy policy.	あなたの個人データは当社のプライバシーに関する方針に従って処理される。
We need to cut costs. **To this end**, we changed suppliers.	当社は経費削減しなければなりません。このために，納入業者を変えました。

313

Chapter 5 **Section 11**

1088 □□□
with [in] regard to ...

…に関して（≒ regarding, in terms of ...）

1089 □□□
as for ...

…に関しては

1090 □□□
as of ...

…の時点で

1091 □□□
behind schedule

予定より遅れて（⇔ ahead of schedule 予定より早く）

▓ on schedule 予定通りに

1092 □□□
no later than ...

（遅くとも）…までに（≒ by）

1093 □□□
regardless of ...

…にかかわらず

1094 □□□
thanks to ...

…のおかげで

1095 □□□
contrary to ...

…に反して

314

I'd like to ask your opinion **with regard to** this matter.	この件に関して，あなたの意見を伺いたいのですが。
As for your proposal, it will be discussed at the next meeting.	あなたの提案に関しては，今度の会議で話し合われます。
As of July 1, we have not received the payment yet.	7月1日の時点で，当社はまだ支払いを受けておりません。
The project is two months **behind schedule**.	そのプロジェクトは予定より2カ月遅れている。
Please deliver my order **no later than** June 10.	6月10日までに注文品を届けてください。
The bus fare on this route is \$2 **regardless of** distance.	この路線のバス料金は距離にかかわらず2ドルです。
Thanks to her help, I was able to meet the deadline.	彼女が手伝ってくれたおかげで，締め切りを守ることができた。
Contrary to expectations, the baseball team won the game.	予想に反してその野球チームは試合に勝った。

315

Chapter 5 Section 11

1096 ☐☐☐	…である限りは
as long as ...	

1097 ☐☐☐	**…する場合に備えて**
in case ...	▪ 名詞を続ける場合は in case of ... とする。 ▪ (just) in case「念のため」も覚えておこう。

1098 ☐☐☐	**B だけでなく A も** (≒ not only B but also A)
A* as well as *B	

1099 ☐☐☐	**B よりはむしろ A**
A* rather than *B	

1100 ☐☐☐	今や…なので
now that ...	

We accept returns **as long as** the item is in its original condition.	品物が元の状態である限り，当社は返品を受け付けます。
I'll take an umbrella, **in case** it rains.	雨が降る場合に備えて，私は傘を持って行きます。
The Web site is attractive **as well as** functional.	そのウェブサイトは機能的なだけでなく人目も引く。
They prefer to cook at home **rather than** eat out.	彼らは外食するよりはむしろ家で料理をすることを好む。
Now that everyone is here, let's start the meeting.	皆さまおそろいですので，会議を始めましょう。

さくいん

※太字は見出し語，細字は派生語・関連語を示す
※数字は見出し語の番号を示す

A

A as well as *B*	1098
a couple of ...	1058
a number of ...	1055
A rather than *B*	1099
a variety of ...	1059
abandon	828
ability	160
absence	763
absolute	697
absolutely	697
accept	27
acceptance	27
access	291
accessible	291
acclaim	926
accommodate	525
accommodating	525
accompany	627
accomplish	432
accomplished	432
according to ...	1079
accordingly	797
account	452
account for ...	1018
accountable	452
accountant	470
accuracy	493
accurate	493
accurately	493
achieve	433
achievement	433
acknowledge	807
acknowledgment	807
acquire	803
acquisition	803

adapt	718
addition	251
address	402
adequate	973
adequately	973
adhere	810
adjacent	974
adjust	325
administrative	878
admire	438
admission	449
admit	449
adopt	719
adoption	719
advance	735
advanced	735
advancement	735, 857
adverse	990
adversely	990
advertise	303
advertisement	303
affect	225
afford	229
affordable	229
agency	60
agenda	843
agent	60
agree	146
agreement	146
agricultural	378
agriculture	378
aim	230
air	637
aisle	544
alert	874
allergic	896

allergy	896
allocate	827
allocation	827
allow	131
allowance	131
along with ...	1081
alternate	875
alternative	875
alternatively	875
amenity	564
amount	64
analysis	437
analyst	437
analyze	437
anecdote	941
anniversary	551
announce	307
announcement	307
annoy	732
annual	584
annually	584
anonymous	981
anonymously	981
anticipate	806
anticipated	806
anticipation	806
anxious	692
apologize	420
apparel	932
apparent	799
apparently	799
appeal	603
appear	37
appearance	37
applaud	942
applause	942
appliance	464

318

さくいん A-B

☐ applicant	**556**	☐ associate	**845**	☐ aware	**489**
☐ application	202	☐ associated	845	☐ awareness	489
☐ apply	**202**	☐ association	845		
☐ appoint	239, **702**	☐ assume	**541**	**B**	
☐ appointment	**239**	☐ assure	**710**	☐ backing	**757**
☐ appreciate	**727**	☐ atmosphere	**260**	☐ balance	**867**
☐ appreciation	727	☐ attach	**36**	☐ banquet	**929**
☐ apprentice	**967**	☐ attachment	36	☐ bargain	**369**
☐ approach	**323**	☐ attain	**733**	☐ base	**205**
☐ appropriate	**680**	☐ attempt	**273**	☐ basement	**182**
☐ appropriately	680	☐ attend	**304**	☐ basic	205
☐ approval	204	☐ attendance	304	☐ basis	205
☐ approve	**204**	☐ attendee	304	☐ *be* about to *do*	**1072**
☐ approximate	696	☐ attention	**147**	☐ *be* hit hard	**1050**
☐ approximately	**696**	☐ attentive	147	☐ *be* in charge of ...	
☐ architect	**550**	☐ attire	**946**		**1071**
☐ architecture	550	☐ attitude	**374**	☐ *be* subject to ...	**1074**
☐ arguably	**997**	☐ attorney	**947**	☐ *be* supposed to *do*	
☐ arrange	**309**	☐ attract	**29**		**1073**
☐ arrangement	309	☐ attraction	29	☐ behind schedule	
☐ array	**959**	☐ attractive	29		**1091**
☐ arrival	**72**	☐ attribute	**822**	☐ belonging	**284**
☐ arrive	72	☐ audience	**161**	☐ beneficial	348
☐ article	**453**	☐ auditor	**960**	☐ benefit	**348**
☐ as for ...	**1089**	☐ auditorium	**746**	☐ beside	298
☐ as long as ...	**1096**	☐ authentic	**982**	☐ besides	**298**
☐ as of ...	**1090**	☐ authenticity	982	☐ beverage	**355**
☐ aside[apart] from ...		☐ author	**252**	☐ bid	**754**
	1083	☐ authority	**711**	☐ bill	**136**
☐ aspect	**750**	☐ authorization	711	☐ bio	772
☐ aspire	**910**	☐ authorize	**711**	☐ biography	**772**
☐ aspiring	910	☐ automatic	795	☐ board	**311**
☐ assemble	**615**	☐ automatically	**795**	☐ boast	**912**
☐ assembly	615	☐ automobile	**241**	☐ book	**5**
☐ assess	**620**	☐ automotive	241, **389**	☐ booking	5
☐ asset	**569**	☐ availability	379	☐ bookkeeping	**839**
☐ assign	**826**	☐ available	**379**	☐ boost	**911**
☐ assignment	826	☐ avoid	**114**	☐ boulevard	**934**
☐ assist	69	☐ award	**342**	☐ box office	**1052**
☐ assistance	**69**	☐ award-winning	342	☐ branch	**461**

さくいん B-C

□ break	**65**
□ brief	**292**
□ briefcase	292
□ briefly	292
□ broadcast	**223**
□ brochure	**257**
□ budget	**341**
□ bulk	**676**
□ business	**45**
□ bustle	**928**

C

□ cabinet	**166**
□ cafeteria	**73**
□ call off ...	**1019**
□ candidate	**557**
□ capability	595
□ capable	**595**
□ capacity	**277**
□ cargo	**481**
□ carry	**28**
□ carry out ...	**1014**
□ cashier	**138**
□ cater	**503**
□ caterer	503
□ cause	**39**
□ caution	**483**
□ cautious	483
□ ceiling	**275**
□ celebrate	**316**
□ celebration	316
□ certain	**290**
□ certainly	290
□ certificate	**768**
□ chair	**460**
□ chairperson	460
□ challenge	**148**
□ challenging	148
□ chamber	**943**
□ chance	**70**

□ characteristic	**668**
□ charge	**404**
□ chart	**162**
□ check	**137**
□ checkout	**177**
□ checkup	137
□ circumstance	**675**
□ cite	**811**
□ claim	**427**
□ clarification	906
□ clarify	**906**
□ classified	920
□ classify	**920**
□ clear	**30**
□ clerk	**164**
□ close	**89**
□ clothes	**280**
□ coincide with ...	
	1020
□ collaborate	**812**
□ collaboration	812
□ collaborator	812
□ collapse	**921**
□ colleague	**456**
□ collect	**31**
□ collection	31
□ combination	613
□ combine	**613**
□ come up with ...	
	1037
□ comfort	190
□ comfortable	**190**
□ commemorate	**913**
□ commemorative	913
□ commend	**922**
□ commendable	922
□ commerce	**868**
□ commercial	**382**
□ commission	608
□ commit	**608**

□ commitment	608
□ committee	**770**
□ common	**492**
□ communicate	**226**
□ commute	**435**
□ commuter	435
□ comparable	110
□ compare	**110**
□ comparison	110
□ compensate	**749**
□ compensation	**749**
□ compete	587, 648
□ competent	**890**
□ competition	648
□ competitive	**587**
□ competitor	**648**
□ compile	**813**
□ complain	**116**
□ complaint	116
□ complete	**134**
□ completion	134
□ complex	**657**
□ compliance	638, **937**
□ complicate	777
□ complicated	**777**
□ compliment	**804**
□ complimentary	
	804, **969**
□ comply	**638**
□ component	**758**
□ compose	**814**
□ composer	814
□ comprehensive	**977**
□ compromise	**823**
□ concentrate	**442**
□ concentration	442
□ concern	**244**
□ concerning	244
□ conclude	**431**
□ conclusion	431

320

さくいん C-D

□ condition	**738**	□ continual	**991**	□ criterion	**938**
□ conduct	**406**	□ continually	991	□ critic	**771**
□ conference	**236**	□ continuous	991	□ critical	**972**
□ confidence	582	□ contract	**552**	□ criticism	771
□ confident	**582**	□ contractor	552	□ criticize	771
□ confidential	**870**	□ contrary to ...	**1095**	□ crossing	**283**
□ confidently	582	□ contribute	**220**	□ crucial	**883**
□ confirm	**517**	□ contribution	220	□ cuisine	**856**
□ confirmation	517	□ controversial	**897**	□ culinary	**881**
□ conflict	**641**	□ controversy	897	□ cupboard	**184**
□ confuse	**227**	□ convene	**923**	□ curb	**286**
□ congestion	**672**	□ convenience	289	□ current	500
□ connect	**222**	□ convenient	**289**	□ currently	**500**
□ consecutive	**983**	□ conveniently	289	□ customer	**47**
□ consecutively	983	□ convention	**930**		
□ consequence	**948**	□ convince	**502**	**D**	
□ consequently	948	□ convinced	502	□ dairy	**581**
□ conservation	**855**	□ convincing	502	□ deal	**264**
□ conserve	855	□ cooperation	**278**	□ decade	**169**
□ consider	**22**	□ cooperative	278	□ decline	**14**
□ considerable	**978**	□ coordinate	**829**	□ decorate	**542**
□ considerably	978	□ coordinator	829	□ decrease	**13**
□ consideration	22	□ copier	**181**	□ dedicate	**607**
□ consist	**332**	□ copy	181	□ defeat	**830**
□ consistent	**888**	□ correct	**317**	□ defect	**747**
□ consistently	888	□ correction	317	□ defective	747
□ consolidation	**961**	□ correspond	**818**	□ deficit	**962**
□ construct	140	□ correspondence	818	□ definite	794
□ construction	**140**	□ correspondent	818	□ definitely	**794**
□ consult	**531**	□ cost	**51**	□ degree	**271**
□ consultant	531	□ council	**567**	□ delay	**206**
□ consultation	531	□ courier	**949**	□ delete	**538**
□ consume	**266**	□ courteous	**865**	□ deliberately	**1000**
□ consumer	**266**	□ courtesy	865	□ delight	485
□ consumption	266	□ cover	**23**	□ delighted	**485**
□ contact	**8**	□ coverage	**573**	□ deliver	**125**
□ contain	**118**	□ coworker	**168**	□ delivery	125
□ container	118	□ crack	**482**	□ demolish	**907**
□ contemporary	**970**	□ credit	**640**	□ demolition	907
□ content	**662**	□ crew	**282**	□ demonstrate	**510**

321

さくいん D-E

☐ demonstration	510
☐ **depart**	**526**
☐ **department**	**237**
☐ departure	526
☐ **depend on ...**	**1017**
☐ **depict**	**632**
☐ **deposit**	**769**
☐ depth	596
☐ **descend**	**914**
☐ describe	654
☐ **description**	**654**
☐ **deserve**	**540**
☐ **design**	**302**
☐ **designate**	**908**
☐ desirable	376
☐ **desire**	**376**
☐ **despite**	**300**
☐ **destination**	**477**
☐ **detail**	**240**
☐ **detergent**	**835**
☐ determination	421
☐ **determine**	**421**
☐ **detour**	**963**
☐ **develop**	**26**
☐ developer	26
☐ development	26
☐ **device**	**349**
☐ **devote**	**734**
☐ **diet**	**281**
☐ **dig**	**235**
☐ **dine**	**209**
☐ diner	209
☐ dining	209
☐ **direct**	**419**
☐ **direction**	**356**
☐ directly	419
☐ **directory**	**931**
☐ **disappoint**	**219**
☐ disappointing	219
☐ **disclose**	**443**

☐ **discontinue**	**808**
☐ **discretion**	**866**
☐ **disposable**	**891**
☐ disposal	891
☐ **dispute**	**819**
☐ **disrupt**	**820**
☐ disruption	820
☐ **distance**	**77**
☐ distant	77
☐ **distinct**	**975**
☐ distinction	975
☐ distinctive	975
☐ **distinguish**	**919**
☐ distinguished	919
☐ **distribute**	**417**
☐ distribution	417
☐ distributor	417
☐ **district**	**158**
☐ **disturb**	**534**
☐ **diverse**	**884**
☐ diversify	884
☐ diversity	884
☐ **divide**	**268, 439**
☐ **division**	**268**
☐ **dock**	**601**
☐ **domestic**	**682**
☐ **dominate**	**825**
☐ **donate**	**213**
☐ donation	213
☐ **downtown**	**191**
☐ **draft**	**649**
☐ draw	84
☐ **draw up ...**	**1011**
☐ **drawer**	**84**
☐ **drawing**	**82**
☐ **drive**	**67**
☐ driveway	67
☐ **drop off ...**	**1005**
☐ **due**	**583**
☐ **due to ...**	**1080**

☐ **duplicate**	**968**
☐ durability	681
☐ **durable**	**681**
☐ **duration**	**751**
☐ **duty**	**468**

E

☐ **eager**	**591**
☐ **earn**	**41**
☐ earnings	41
☐ **eatery**	**365**
☐ economic	98
☐ **economical**	**98**
☐ economically	98
☐ economist	98
☐ **edit**	**590**
☐ **editor**	**590**
☐ **editorial**	**590**
☐ **effective**	**384**
☐ effectively	384
☐ effectiveness	384
☐ efficiency	677
☐ **efficient**	**677**
☐ **effort**	**71**
☐ **elaborate**	**995**
☐ electric	173
☐ electrician	173
☐ **electricity**	**173**
☐ **electronic**	**683**
☐ electronically	683
☐ electronics	683
☐ **element**	**577**
☐ **eligible**	**872**
☐ **eliminate**	**815**
☐ emphasis	617
☐ **emphasize**	**617**
☐ **empty**	**195**
☐ **enclose**	**504**
☐ **encounter**	**722**
☐ **encourage**	**312**

さくいん E-F

☐ encouragement	312	☐ **except**	**200**	☐ **extra**	**91**
☐ **enforce**	**824**	☐ exceptional	200	☐ **extraordinary**	**992**
☐ **engage**	**708**	☐ excess	688	☐ **extremely**	**900**
☐ engaging	708	☐ **excessive**	**688**		
☐ **enhance**	**618**	☐ **exchange**	**424**	**F**	
☐ enhancement	618	☐ exclude	882	☐ **fabric**	**848**
☐ **enormous**	**490**	☐ **exclusive**	**882**	☐ **face**	**43**
☐ **enough**	**92**	☐ exclusively	882	☐ **facilitate**	**802**
☐ **enroll**	**609**	☐ **exercise**	**151**	☐ facilitator	802
☐ enrollment	609	☐ **exhibit**	**416**	☐ **facility**	**457**
☐ **ensure**	**530**	☐ exhibition	416	☐ **factor**	**473**
☐ enthusiast	486	☐ exhibitor	416	☐ **faculty**	**752**
☐ **enthusiastic**	**486**	☐ **exist**	**326**	☐ **familiar**	**96**
☐ **entire**	**385**	☐ existing	326	☐ familiarity	96
☐ entirely	385	☐ **exit**	**80**	☐ **fare**	**141**
☐ **entitle**	**924**	☐ **expand**	**412**	☐ **farewell**	**759**
☐ **entrepreneur**	**836**	☐ expansion	412	☐ **fascinating**	**785**
☐ **envelope**	**83**	☐ **expect**	**132**	☐ **fasten**	**720**
☐ **environment**	**167**	☐ expectation	132	☐ **favor**	**153**
☐ environmentally	167	☐ **expedite**	**904**	☐ favorable	153
☐ **equip**	**339, 709**	☐ expend	950	☐ **favorite**	**154**
☐ **equipment**	**339**, 709	☐ **expenditure**	**950**	☐ **feasibility**	**952**
☐ **equivalent**	**984**	☐ **expense**	**841**	☐ feasible	952
☐ **especially**	**297**	☐ expensive	841	☐ **feature**	**513**
☐ **essential**	**779**	☐ **experiment**	**450**	☐ **fee**	**56**
☐ **establish**	**423, 755**	☐ **expert**	**466**	☐ **figure**	**350**
☐ established	423	☐ **expertise**	**850**	☐ **figure out ...**	**1015**
☐ **establishment**		☐ expiration	951	☐ **fill out[in] ...**	**1007**
	423, **755**	☐ **expire**	**706**	☐ **finalize**	**322**
☐ **estimate**	**604**	☐ **explain**	**24**	☐ **finance**	380, **415**
☐ evaluate	743	☐ explanation	24	☐ **financial**	**380**, 415
☐ **evaluation**	**743**	☐ **explore**	**428**	☐ **finding**	**155**
☐ **eventually**	**399**	☐ expose	854	☐ **fine**	**143**
☐ **exact**	**197**	☐ **exposition**	853, **854**	☐ **firm**	**454**
☐ **exactly**	**197**	☐ **exposure**	**854**	☐ **firsthand**	**790**
☐ **examine**	**528**	☐ **express**	**605**	☐ **fiscal**	**873**
☐ **exceed**	**705**	☐ **extend**	**519**	☐ **fit**	**113**
☐ excel	93	☐ **extension**	**357**	☐ **fix**	**119**
☐ excellence	93	☐ extensive	357	☐ **fixture**	**760**
☐ **excellent**	**93**	☐ extent	519	☐ **flaw**	**953**

323

さくいん F-I

☐ flexibility	388	
☐ **flexible**	**388**	
☐ **flyer**	**258**	
☐ **focus**	**25**	
☐ **fold**	**329**	
☐ **follow**	**123**	
☐ following	123	
☐ **forecast**	**276**	
☐ **form**	**238**	
☐ **former**	**193**	
☐ **found**	**405**	
☐ foundation	405	
☐ founder	405	
☐ **fragile**	**889**	
☐ frequent	199	
☐ **frequently**	**199**	
☐ **fuel**	**366**	
☐ **fulfill**	**628**	
☐ **function**	**231**	
☐ **fund**	**518**	
☐ funding	518	
☐ furnish	933	
☐ **furnishing**	**933**	
☐ **furniture**	**63**	
☐ **further**	**189**	

G

☐ **gain**	**425**
☐ **garage**	**152**
☐ **garment**	**939**
☐ **gather**	**228**
☐ gathering	228
☐ **general**	**678**
☐ generally	678
☐ **generate**	**529**
☐ **generous**	**780**
☐ generously	780
☐ **get back to ...**	**1038**
☐ **get on ...**	**1002**
☐ **getaway**	**858**

☐ **give ... a ride**	**1003**
☐ **glad**	**94**
☐ gladly	94
☐ **go over ...**	**1009**
☐ **goods**	**88**
☐ **grab**	**629**
☐ **grant**	**805**
☐ **gratitude**	**862**
☐ **greet**	**103**
☐ greeting	103
☐ **grocery**	**165**
☐ **guarantee**	**324**

H

☐ **hallway**	**171**
☐ **handle**	**319**
☐ **handout**	**361**
☐ **hands-on**	**871**
☐ **handy**	**592**
☐ **hardly**	**299**
☐ **headquarters**	**467**
☐ **heritage**	**940**
☐ **hesitate**	**109**
☐ **highlight**	**505**
☐ **hire**	**305**
☐ **historic**	**288**
☐ historical	288
☐ **hold**	**15**
☐ **honor**	**753**
☐ **host**	**126**
☐ **household**	**579**

I

☐ **ideal**	**386**
☐ ideally	386
☐ **identical**	**791**
☐ **identification**	**462**
☐ **identify**	**701**
☐ **ignore**	**723**
☐ **illustrate**	**712**

☐ illustration	712
☐ immediate	394
☐ **immediately**	**394**
☐ **implement**	**703**
☐ implementation	703
☐ implication	521
☐ **imply**	**521**
☐ **impress**	**321**
☐ impression	321
☐ **impressive**	**321**
☐ **improve**	**313**
☐ improvement	313
☐ **in accordance with**	
...	**1086**
☐ **in case ...**	**1097**
☐ **in person**	**1066**
☐ **in short**	**1067**
☐ **in spite of ...**	**1075**
☐ **in terms of ...**	**1082**
☐ **in the event of ...**	
	1084
☐ **in the long run**	**1068**
☐ **in the meantime**	
	1069
☐ **in time for ...**	**1064**
☐ **in writing**	**1070**
☐ **incentive**	**756**
☐ **include**	**9**
☐ **income**	**179**
☐ **incorporate**	**809**
☐ incorrect	317
☐ **increase**	**12**
☐ indefinite	998
☐ **indefinitely**	**998**
☐ **in-depth**	**596**
☐ **indicate**	**512**
☐ **individual**	**740**
☐ individually	740
☐ **industrial**	**55**
☐ industrious	55

324

さくいん I-L

☐ industry	55	☐ intermittently	996	☐ knowledge	176
☐ inexpensive	491	☐ intern	741	☐ knowledgeable	176
☐ influence	174	☐ internal	689		
☐ influential	174	☐ internship	741	**L**	
☐ inform	413	☐ interoffice	787	☐ label	364
☐ informative	778	☐ interrupt	610	☐ labor	478
☐ infrastructure	944	☐ interruption	610	☐ laboratory	262
☐ ingredient	647	☐ intersection	671	☐ lack	78
☐ initial	774	☐ interview	54	☐ ladder	86
☐ initially	774	☐ interviewer	54	☐ landlord	359
☐ initiate	774	☐ introduce	127	☐ landmark	576
☐ initiative	739	☐ introduction	127, 781	☐ landscape	265
☐ innovation	775	☐ introductory	781	☐ last	6
☐ innovative	775	☐ intuition	985	☐ last-minute	693
☐ inquire	742	☐ intuitive	985	☐ latter	892
☐ inquiry	742	☐ invaluable	111	☐ launch	524
☐ insight	864	☐ invent	444	☐ laundry	371
☐ insightful	864	☐ invention	444	☐ lawn	285
☐ inspect	704	☐ inventory	566	☐ lawyer	253
☐ inspection	704	☐ invest	602	☐ lay out ...	1021
☐ inspector	704	☐ investigate	536	☐ lead	21
☐ inspiration	621	☐ investigation	536	☐ leading	21
☐ inspire	621	☐ investment	602	☐ leak	101
☐ install	314	☐ investor	602	☐ lease	247
☐ installation	314	☐ invoice	459	☐ leave	11
☐ instead of ...	1077	☐ involve	112	☐ legal	387
☐ institute	851	☐ irregular	99	☐ lift	434
☐ institution	851	☐ issue	347	☐ likely	187
☐ instruct	644	☐ item	48	☐ line	336
☐ instruction	644	☐ itemize	48	☐ literature	860
☐ instructor	644	☐ itinerary	833	☐ load	224
☐ instrument	358			☐ local	90
☐ insurance	469	**J**		☐ locate	515
☐ intend	122	☐ journal	673	☐ location	49
☐ interact	730	☐ judge	475	☐ lock	44
☐ interaction	730			☐ lodge	861
☐ interest	53	**K**		☐ lodging	861
☐ interested	53	☐ keep ... in mind	1047	☐ logistics	954
☐ interesting	53	☐ keep up with ...	1040	☐ long-lasting	6
☐ intermittent	996	☐ keynote	175	☐ long-term	263

325

さくいん L-O

□ look forward to ...	1039
□ look into ...	1010
□ look over ...	1008
□ lot	344
□ lower	216
□ luggage	156
□ luncheon	549
□ luxurious	694

M

□ machinery	340
□ maintain	42
□ maintenance	42
□ make it to ...	1022
□ make sense	1023
□ make sure ...	1016
□ make up for ...	1041
□ malfunction	231
□ manage	208, 565
□ management	565
□ managerial	565
□ manner	372
□ manufacture	523
□ manufacturer	523
□ manuscript	859
□ margin	955
□ mark	203
□ markedly	203
□ massive	893
□ material	554
□ mayor	254
□ means	553
□ measurable	269
□ measure	269
□ measurement	269
□ mechanic	690
□ mechanical	690
□ medical	832
□ medication	832

□ medicine	832
□ meet	10
□ mention	514
□ merchandise	646
□ merge	846
□ merger	846
□ method	270
□ minimize	533
□ minute	651
□ mislead	21
□ modification	816
□ modify	816
□ moreover	698
□ mostly	397
□ motivate	622
□ motivation	622
□ multiple	684
□ municipal	885

N

□ nationwide	691
□ necessarily	400
□ necessary	400
□ negotiate	612
□ negotiation	612
□ nevertheless	898
□ next to ...	1078
□ no later than ...	1092
□ nominate	761
□ nomination	761
□ note	310
□ notice	345
□ noticeable	345
□ notify	414
□ now that ...	1100
□ numerous	879
□ nursery	935
□ nutrition	660
□ nutritional	660
□ nutritious	660

O

□ objective	764
□ obligate	964
□ obligation	964
□ observation	440
□ observe	440
□ obtain	35
□ obvious	498
□ occasion	279
□ occasionally	279
□ occupation	327
□ occupy	327
□ occur	108
□ offer	2
□ offering	2
□ office supplies	1051
□ official	255
□ offset	821
□ on behalf of ...	1085
□ on duty	1060
□ on hand	1061
□ on one's way to ...	1076
□ on time	1063
□ ongoing	599
□ opening	337
□ operate	121
□ operation	121
□ opportunity	346
□ oppose	390
□ opposite	390
□ opposition	390
□ opt	57
□ optimistic	993
□ option	57
□ optional	57
□ order	46
□ ordinarily	598
□ ordinary	598
□ organization	411

さくいん O-P

☐ organize	**411**	☐ patient	474	☐ post	**129**
☐ organizer	411	☐ patron	**847**	☐ postpone	**320**
☐ otherwise	**395**	☐ patronage	847	☐ potential	**381**
☐ out of service	**1057**	☐ patronize	847	☐ pour	**335**
☐ out of town	**1056**	☐ pave	**446**	☐ practical	**589**
☐ outcome	**574**	☐ pavement	446	☐ practically	589
☐ outdated	**783**	☐ pay off	**1024**	☐ praise	**716**
☐ outgoing	**788**	☐ paycheck	137, **354**	☐ precise	**786**
☐ outlet	**375**	☐ payment	**59**	☐ precisely	786
☐ outline	**430**	☐ payroll	**543**	☐ precision	786
☐ output	**674**	☐ pedestrian	**669**	☐ predict	**616**
☐ outstanding	**679**	☐ perform	**145**	☐ predictable	616
☐ overbook	5	☐ performance	**145**	☐ prediction	616
☐ overcome	**445**	☐ period	**159**	☐ prefer	**124**
☐ overdue	583	☐ periodic	956	☐ preference	124
☐ overhead	**494**	☐ periodical	**956**	☐ preferred	124
☐ overlook	**107**	☐ periodically	956	☐ preliminary	**976**
☐ oversee	**532**	☐ permission	318	☐ premise	**958**
☐ overtime	**367**	☐ permit	**318**	☐ premium	**880**
☐ overview	**548**	☐ personnel	**736**	☐ preparation	20
☐ overwhelm	886	☐ perspective	**957**	☐ prepare	**20**
☐ overwhelming	**886**	☐ persuade	**728**	☐ prescribe	849
☐ overwhelmingly	886	☐ persuasion	728	☐ prescription	**849**
☐ own	**18**	☐ pharmaceutical	**877**	☐ presence	**762**
☐ owner	18	☐ pharmacist	877	☐ present	**516**, 762
		☐ pharmacy	877	☐ presentation	516
P		☐ phase	**178**	☐ presenter	516
☐ paint	**33**	☐ physical	**392**	☐ preservation	713
☐ painter	33	☐ physician	392, **765**	☐ preserve	**713**
☐ painting	33	☐ pick up ...	**1004**	☐ prestigious	**979**
☐ paperwork	**353**	☐ pile	**106**	☐ prevent	**630**
☐ park	**4**	☐ plant	**17**	☐ previous	**484**
☐ participant	520	☐ plaque	**965**	☐ primarily	776
☐ participate	**520**	☐ pleased	**196**	☐ primary	**776**
☐ participation	520	☐ pleasure	196	☐ printer	**68**
☐ particular	**396**	☐ plumber	**545**	☐ prior	**487**
☐ particularly	396	☐ political	575	☐ priority	**476**
☐ pass out ...	**1049**	☐ politics	**575**	☐ private	**95**
☐ passenger	**351**	☐ poll	**272**	☐ probability	100
☐ patience	474	☐ position	**52**	☐ probably	**100**

327

さくいん P-R

☐ **procedure** **559**
☐ **proceed** **527**
☐ **proceeds** **562**
☐ **process** **19**
☐ **produce** **645**
☐ product 455
☐ **production** **455**
☐ productivity 455
☐ **profession** **479**
☐ **professional** **245**, 479
☐ **profit** **463**
☐ profitable 463
☐ **progress** **658**
☐ progressive 658
☐ progressively 658
☐ **prohibit** **508**
☐ **project** **401**
☐ projection 401
☐ projector 401
☐ **promise** **217**
☐ promising 217
☐ **promote** **522**, 655
☐ **promotion** 522, **655**
☐ promotional 522, 655
☐ **prompt** **695**
☐ **promptly** **695**
☐ proof 717
☐ **proper** **495**
☐ properly 495
☐ **property** **555**
☐ proportion 986
☐ **proportional** **986**
☐ proportionally 986
☐ **proposal** **250**, 606
☐ **propose** 250, **606**
☐ prospect 782
☐ **prospective** **782**
☐ **prove** **717**
☐ **provide** **301**

☐ provision 301
☐ **public** **58**
☐ **publication** **842**
☐ **publicity** 58, **748**
☐ publicize 748
☐ **publish** **842**
☐ publisher 842
☐ **purchase** **511**
☐ **purpose** **243**
☐ **pursue** **623**

Q

☐ qualification 597
☐ **qualified** **597**
☐ qualify 597
☐ **quantity** **150**
☐ **quarter** **256**
☐ quarterly 256
☐ **questionnaire** **834**
☐ **quite a few ...** **1062**
☐ **quota** **838**
☐ quotation 852
☐ **quote** **852**

R

☐ **railing** **183**
☐ **range** **157**
☐ **rapid** **496**
☐ rapidly 496
☐ **rate** **142**
☐ **real estate** **1053**
☐ realization 40
☐ **realize** **40**
☐ **reasonable** **294**
☐ **recall** **447**
☐ receive 352, 570
☐ **reception** **352**
☐ receptionist 352
☐ **recipient** **570**
☐ recognition 218

☐ **recognize** **218**
☐ **recommend** **308**
☐ recommendation 308
☐ **recover** **233**
☐ recovery 233
☐ **reduce** **130**
☐ reduction 130
☐ **refer** 422, 844
☐ **reference** 422, **844**
☐ referral 422
☐ **refreshment** **547**
☐ **refrigerator** **76**
☐ **refund** **737**
☐ **refurbish** **909**
☐ **refuse** **234**
☐ **regard** **506**
☐ **regarding** 506, 800
☐ **regardless of ...** **1093**
☐ **region** **163**
☐ regional 163
☐ **register** **407**
☐ registration 407
☐ **regret** **333**
☐ regular 99
☐ **regularly** **99**
☐ **regulate** **472**
☐ **regulation** **472**
☐ **reimburse** **801**
☐ reimbursement 801
☐ **reject** **625**
☐ rejection 625
☐ **relate** **221**
☐ relative 398
☐ **relatively** **398**
☐ **release** **408**
☐ **relevant** **971**
☐ reliable 334
☐ **relief** **663**

328

さくいん R-S

- relieve 663
- **relocate** **614**
- relocation 614
- **reluctant** **499**
- **rely** **334**
- **remain** **665**
- **remainder** **665**
- **remark** **363**
- remarkable 363
- remarkably 363
- **remind** **664**
- **reminder** **664**
- **remove** **418**
- **renew** **426, 894**
- **renewable** **894**
- renovate 561
- **renovation** **561**
- **renowned** **784**
- **rent** **248**
- rental 248
- **repair** **120**
- repave 446
- **replace** **409**
- replacement 409
- **reply** **104**
- **report to ...** **1025**
- represent 653
- **representative** **653**
- **reputation** **480**
- **require** **403**
- requirement 403
- **reservation** **343**
- residence 558
- **resident** **558**
- residential 558
- **resign** **448**
- resolution 905
- **resolve** **905**
- respective 899
- **respectively** **899**

- **respond** **105**
- respondent 105
- response 105
- restoration 619
- **restore** **619**
- **restrict** **731**
- restriction 731
- **résumé** **465**
- **retail** **585**
- retailer 585
- **retain** **441**
- retire 267
- **retirement** **267**
- **reveal** **626**
- **revenue** **650**
- **review** **201**
- **revise** **611**
- revision 611
- **reward** **429**
- **right away** **1065**
- **rigorous** **987**
- **routine** **580**
- **row** **659**
- **run** **7**
- **run out of ...** **1036**
- **rural** **793**

S

- satisfactory 315
- **satisfy** **315**
- **scale** **87**
- scene 578
- **scenery** **578**
- **scholarship** **863**
- sculptor 170
- **sculpture** **170**
- **secure** **726**
- securely 726
- **security** **186**

- **see if [whether] ...** **1026**
- **seek** **211**
- **sense** **328**
- sensitive 328
- **separate** **391**
- separately 391
- **serve** **210**
- **set aside ...** **1027**
- **setting** **261**
- **settle** **330**
- **share** **128**
- shareholder 128
- **shelf** **79**
- shelve 79
- **shift** **144**
- **ship** **16**
- shipment 16
- **shortage** **373**
- **shortly** **198**
- **showcase** **501**
- **sign** **50, 81**
- **sign up for ...** **1035**
- signature 81
- significance 488
- **significant** **488**
- **similar** **188**
- similarly 188
- **situate** **817**
- **situation** **368**
- **skill** **295**
- **skilled** **295**
- **slight** **699**
- **slightly** **699**
- **snack** **74**
- **solution** **767**
- **solve** **767**
- **sophisticated** **988**
- **speak highly of ...** **1042**

329

さくいん S-T

□ special	75	□ strict	594	□ suspend	509
□ specialize	215	□ strictly	594	□ sustain	624
□ specialty	75, 215	□ strive	915	□ sustainable	624
□ species	667	□ stroll	232	□ sweep	721
□ specific	707	□ structure	568		
□ specifically	707	□ struggle	633	**T**	
□ specification	744	□ subject	139	□ tailor	901
□ specify	707	□ submission	306	□ take ... into account	
□ spectator	572	□ submit	306		1046
□ spokesperson	85	□ subscribe	436	□ take a day off	1043
□ stability	593	□ subscriber	436	□ take advantage of ...	
□ stabilize	593	□ subscription	436		1044
□ stable	593	□ subsequent	980	□ take care of ...	1045
□ stack	117	□ subsequently	980	□ take effect	1029
□ stair	185	□ subsidiary	840	□ take on ...	1012
□ staircase	185	□ substantial	869	□ take over (...)	1030
□ standard	149	□ substantially	869	□ take part in ...	1048
□ state	410	□ substitute	916	□ take place	1031
□ statement	410	□ suburb	377	□ taste	38
□ stationery	180	□ succeed	102	□ tasty	38
□ statistical	563	□ success	102	□ tear	729
□ statistics	563	□ sufficient	687	□ temporarily	700
□ status	471	□ sufficiently	687	□ temporary	700
□ steadily	686	□ suggest	133	□ tenant	360
□ steady	686	□ suggestion	133	□ tentative	989
□ steep	497	□ suit	214	□ tentatively	989
□ step down as [from]		□ suitable	214	□ term	263
...	1028	□ summarize	724	□ textile	745
□ stick	715	□ summary	724	□ thanks to ...	1094
□ stock	207, 766	□ supervise	652	□ the board of	
□ stockholder	766	□ supervisor	652	directors	1054
□ stop by ...	1006	□ supplier	3	□ theme	639
□ storage	1	□ supply	3	□ therefore	296
□ store	1	□ suppose	115	□ thorough	796
□ strategic	560	□ sure	710	□ thoroughly	796
□ strategy	560	□ surface	666	□ thrill	925
□ strength	537	□ surpass	917	□ throw away ...	1032
□ strengthen	537	□ surround	588	□ tight	192
□ stress	331	□ surrounding	588	□ to this end	1087
□ stressful	331	□ survey	338	□ track	34

さくいん T-Y

□ traffic	66
□ trail	249
□ train	135
□ training	135
□ transaction	642
□ transfer	507
□ transit	661
□ transition	661
□ transport	458
□ transportation	458
□ tremendous	887
□ trial	97
□ try on ...	1033
□ turn around ...	1034
□ turn on ...	1001
□ typical	194
□ typically	194

U

□ unanimous	999
□ unanimously	999
□ undergo	636
□ understaffed	895
□ underway	789
□ unfortunately	393
□ unique	685
□ upcoming	287
□ update	451
□ upholstery	936
□ up-to-date	451

□ urge	725
□ urgent	792
□ urgently	792
□ utility	945

V

□ vacancy	670
□ vacant	670
□ valid	**876**, 903
□ validate	876, **903**
□ valuable	111
□ value	111
□ variety	383
□ various	383
□ vary	714
□ vehicle	242
□ vendor	831
□ venue	656
□ verification	902
□ verify	902
□ via	600
□ vicinity	966
□ videoconference	236
□ view	61
□ virtual	798
□ virtually	798
□ visible	994
□ vital	773
□ volunteer	539
□ vote	212

□ voucher	837

W

□ wage	546
□ waive	927
□ walkway	172
□ warehouse	259
□ warranty	643
□ waste	370
□ water	62
□ wear	32
□ weigh	535
□ weight	535
□ whole	293
□ wholesale	586
□ wipe	635
□ withdraw	631
□ withdrawal	631
□ withstand	634
□ with [in] regard to ...	1088
□ work on ...	1013
□ workforce	362
□ workload	571
□ workplace	274
□ workshop	246

Y

□ yield	918

MEMO

MEMO

[TOEIC® L&R テスト英単語ターゲット 1100]
S1a105